EL LIBRO DE ORO
DE LA VERDADERA
VIDA CRISTIANA

D1350226

Juan Calvino

EL LIBRO DE ORO DE LA VERDADERA VIDA CRISTIANA

editorial clie

Libros CLIE
Galvani, 113
08224 TERRASSA (Barcelona)

**EL LIBRO DE ORO DE LA
VERDADERA VIDA CRISTIANA**

Clasifíquese: DEVOCIONALES-VIDA CRISTIANA
Referencia: 22.35.99

© 1991 por Editorial CLIE

Versión española: David Fernández y Nancy S. de Fernández

Todas las referencias escriturales han sido tomadas
de la Biblia Reina-Valera Revisión 1977,
publicada por Editorial CLIE.

Depósito legal: SE-262-2004
ISBN 84-7645-516-X

Impresión: Publidisa

ÍNDICE

La oración de Calvino

Dios y Padre Todopoderoso, en esta vida hemos tenido muchas luchas, danos la fuerza de Tu Santo Espíritu, para que vayamos en medio del fuego y de las muchas aguas con valor, y así someternos a tus reglas, para ir al encuentro de la muerte sin temor, con total confianza de Tu asistencia.

Concédenos también que podamos llevar todo el odio y la enemistad de la humanidad hasta que hayamos ganado la última victoria y podamos llegar al bendito descanso que Tu Único Hijo ha adquirido para nosotros por medio de Su sangre. Amén.

CAPÍTULO I

La obediencia humilde, verdadera imitación de Cristo

I. La Escritura es la regla de la vida.

1. La meta de la nueva vida en Cristo es que los hijos de Dios exhiban la "melodía y armonía" de Dios en su conducta. ¿Qué melodía? La canción del Dios de justicia. ¿Qué armonía? La armonía entre la justicia de Dios y nuestra obediencia.

Únicamente andando en la maravillosa ley de Dios podemos estar seguros de nuestra adopción como hijos del Padre.

La ley de Dios contiene en sí misma la dinámica de la nueva vida por medio de la cual Dios restaura Su imagen en nosotros; pero por naturaleza somos perezosos y negligentes, por lo cual necesitamos la ayuda y el estímulo de un principio que nos guíe en nuestros esfuerzos. Un sincero arrepentimiento de corazón no garantiza que no nos desviemos del camino recto. Es más, muchas veces nos encontramos perplejos y desconcertados.

Busquemos, pues, en la Escritura el principio fundamental para reformar y encauzar nuestra vida.

2. La Escritura contiene un gran número de exhortaciones, y para tratarlas todas necesitaríamos un gran volumen.

Los padres de la iglesia han escrito grandes obras sobre las virtudes que son necesarias en la vida cristiana. Son escritos de un significado tan valioso que ni los eruditos más hábiles podrían agotar las profundidades de una sola virtud.

Sin embargo, para una devoción pura, no es necesario leer las excelentes obras de los padres de la iglesia, sino solamente entender la regla básica de la Biblia.

3. Nadie debería sacar la conclusión de que la brevedad de un tratado sobre la conducta cristiana hace que los escritos elaborados de otras personas sean superfluos, o que su filosofía no tenga valor.

Sin embargo, los filósofos están acostumbrados a hablar de los principios generales y de reglas específicas, pero la Escritura tiene un orden propio.

Los filósofos son ambiciosos y, por consiguiente, apuntan a una exquisita claridad y una hábil ingenuidad; pero la Escritura tiene una hermosa precisión y una certeza que sobrepasa a todos los filósofos.

Los filósofos a menudo hacen unas demostraciones conmovedoras, pero el Espíritu Santo tiene un método diferente (directo, sencillo y entendible), el cual no debe ser subestimado.[2]

II. La santidad es el principio clave.

1 El plan de las Escrituras para la vida de un cristiano es doble: primero, que seamos instruidos en la ley para amar la rectitud, porque por naturaleza no estamos inclinados a

---

1. Aquí Calvino inserta: "No soy la persona idónea para escribir copiosamente, ya que amo la brevedad. Es probable que lo intente en el futuro; de todas formas, dejaré esta tarea a los otros."

2. Evidentemente Calvino aquí está pensando en 1ª Cor. 1-3.

hacerlo; segundo, que aprendamos unas reglas sencillas pero importantes, de modo que no desfallezcamos ni nos debilitemos en nuestro camino.

De las muchas recomendaciones excelentes que hace la Escritura, no hay ninguna mejor que este principio: "Sed santos, porque yo soy santo."

Cuando andábamos esparcidos como ovejas sin pastor, y perdidos en el laberinto del mundo, Cristo nos llamó y nos reunió para que pudiésemos volver a Él.

2. Al oír cualquier mención de nuestra unión mística con Cristo, deberíamos recordar que el único medio para lograrla es la santidad.

La santidad no es un mérito por medio del cual podamos obtener la comunión con Dios, sino un don de Cristo, el cual nos capacita para estar unidos a Él y a seguirle.

Es la propia gloria de Dios que no puede tener nada que ver con la iniquidad y la impureza; por lo tanto, si queremos prestar atención a Su invitación, es imprescindible que tengamos este principio siempre presente.

Si en el transcurso de nuestra vida cristiana queremos seguir adheridos a los principios mundanos, ¿para qué, entonces, fuimos rescatados de la iniquidad y la contaminación de este mundo?

Si deseamos pertenecer a Su pueblo, la santidad del Señor nos amonesta a que vivamos en la Jerusalén santa de Dios.

Jerusalén es una tierra santa, por lo tanto no puede ser profanada por habitantes de conducta impura.

El salmista dice: "Jehová, ¿quién habitará en tu tabernáculo? ¿Quién morará en tu monte santo? El que anda en integridad y hace justicia, y habla verdad en su corazón."

El santuario del Santísimo debe mantenerse inmaculado. Ver Lev. 19:2; 1ª Ped. 1:16; Is. 35:10; Sal. 15:1, 2 y 24:3, 4.

III La santidad significa obediencia total a Cristo.

1. La Escritura no enseña solamente el principio de la santidad, sino que también nos dice que Cristo es el camino a este principio.

Puesto que el Padre nos ha reconciliado consigo mismo por medio de Cristo, nos ordena que seamos conformados a Su imagen.

A aquellos que piensan que los filósofos tienen un sistema mejor de conducta, les pediría que nos muestren un plan más excelente que obedecer y seguir a Cristo.

La virtud más sublime de acuerdo a los filósofos es vivir la vida de la naturaleza, pero la Escritura nos enseña a Cristo como nuestro modelo y ejemplo perfecto.

Deberíamos exhibir el carácter de Cristo en nuestras vidas, pues ¿qué puede ser más efectivo para nuestro testimonio y de más valor para nosotros mismos?

2. El Señor nos ha adoptado para que seamos Sus hijos bajo la condición de que revelemos una imitación de Cristo, quien es el Mediador de nuestra adopción.

A menos que nos consagremos devota y ardientemente a la justicia de Cristo, no sólo nos alejaremos de nuestro Creador, sino que también estaremos renunciando voluntariamente a nuestro Salvador.

14

3. La Escritura acompaña su exhortación con las promesas sobre las incontables bendiciones de Dios y el hecho eterno y consumado de nuestra salvación.

Por lo tanto, puesto que Dios se ha revelado a Sí mismo como un Padre, si no nos comportamos como Sus hijos somos culpables de la ingratitud más despreciable.

Puesto que Cristo nos ha unido a Su cuerpo como miembros, deberíamos desear fervientemente no desagradarle en nada. Cristo, nuestra Cabeza, ha ascendido a los cielos; por lo tanto deberíamos dejar atrás los deseos de la carne y elevar nuestros corazones a Él.

Puesto que el Espíritu Santo nos ha dedicado como templos de Dios, propongámonos en nuestro corazón no profanar Su santuario, sino manifestar Su gloria.

Tanto nuestra alma como nuestro cuerpo están destinados para heredar una corona incorruptible. Debemos, entonces, mantener ambos puros y sin mancha hasta el día de nuestro Señor.

Éstos son los mejores fundamentos para un código correcto de conducta. Los filósofos nunca se elevan por sobre la dignidad natural del hombre, pero la Escritura nos señala a nuestro Salvador, sin mancha, Cristo Jesús. Ver Rom. 6:4; 8:29.

IV. No es suficiente una cristiandad externa.

1. Preguntemos a aquellos que no poseen nada más que la membresía de una iglesia, y que a pesar de ello desean llamarse cristianos, ¿cómo pueden glorificar el sagrado nombre de Cristo?

Únicamente aquel que ha recibido el verdadero conocimiento de Dios por medio de la Palabra del Evangelio puede llegar a tener comunión con Cristo.

El apóstol dice que nadie que no ha puesto de lado la vieja naturaleza con su corrupción y sus concupiscencias puede decir que ha recibido el verdadero conocimiento de Cristo.

El conocimiento externo de Cristo es sólo una creencia peligrosa, no importa lo elocuentes que puedan ser las personas que lo tienen.

2. El evangelio no es una doctrina de la lengua, sino de vida. No puede asimilarse solamente por medio de la razón y la memoria, sino que llega a comprenderse de forma total cuando posee toda el alma y penetra en lo profundo del corazón.

Los cristianos nominales deben cesar en su actitud de insultar a Dios jactándose de ser aquello que no son.

Debemos asignar un primer lugar al conocimiento de nuestra fe, pues éste es el principio de nuestra salvación.

A menos que nuestra fe o religión cambie nuestro corazón y nuestra actitud y nos transforme, además, en nuevas criaturas, no nos será de mucho provecho.

3. Los filósofos condenan justamente y excluyen de su compañía a todos aquellos que profesan conocer el arte de vivir la vida, pero que en realidad no son sino niños balbucientes.

Con mucha más razón los cristianos deberían detestar a aquellos que tienen el evangelio en sus labios pero no en sus corazones.

Si se comparan con las convicciones, los afectos y la energía sin límites de los verdaderos creyentes, las exhortaciones de los filósofos son frías y sin vida. Ver Efes. 4:20 y ss.

V. Es necesario el progreso espiritual.

1. No debemos insistir en una perfección absoluta del evangelio en nuestros compañeros cristianos por más que luchemos por conseguirla nosotros mismos.

Sería injusto demandar una perfección evangélica antes de que sepamos si una persona es un verdadero cristiano.

Si pusiéramos una norma de perfección total para los cristianos, no podría existir ninguna iglesia, puesto que todos distamos mucho de ser el verdadero cristiano ideal. Además, tendríamos que rechazar a muchos que sólo pueden hacer un lento progreso.

2. La perfección debe ser la meta final a la cual dirigirnos, y el propósito supremo en nuestras vidas.

No es justo que hagamos un compromiso con Dios en el que tratemos de cumplir parte de nuestras obligaciones y omitamos otras según nuestro gusto y antojo.

Antes que todo, el Señor desea sinceridad en Su servicio y sencillez de corazón, sin engaño ni falsedad.

Una dualidad de mente está en conflicto con la vida espiritual, puesto que ésta implica una devoción sincera a Dios en la búsqueda de la santidad y la rectitud.

Nadie en esta prisión terrenal del cuerpo tiene suficientes fuerzas propias como para seguir adelante con una constante vigilancia y desvelo. Además, la gran mayoría de los cristianos padecen de una debilidad tal, que se desvían o se detienen en su progreso espiritual, haciendo, en consecuencia, avances muy lentos y escasos.

3. Dejemos que cada uno proceda de acuerdo a la habilidad que le ha sido dada y continúe así el peregrinaje que ha empezado.

No hay hombre tan infeliz e inepto que de tanto en tanto no haga un pequeño progreso.

No cesemos de hacer todo lo posible para ir incesantemente hacia adelante en el camino del Señor; y no desesperemos a causa de lo escaso de nuestros logros.

Aunque no lleguemos al nivel espiritual que esperamos o deseamos, nuestra labor no está perdida si es que el día de hoy sobrepasa en calidad espiritual al de ayer.

4. La única condición para el verdadero progreso espiritual es que permanezcamos sinceros y humildes.

Mantengamos en mente nuestra meta final y vayamos hacia ella con toda nuestra voluntad.

No caigamos en el orgullo ni nos entreguemos a pasiones pecaminosas.

Ejercitémonos con diligencia para alcanzar una norma más alta de santidad, hasta que hayamos llegado a lo mejor de nuestra calidad espiritual, en la que debemos persistir a lo largo de toda nuestra vida. Únicamente lograremos la perfección absoluta cuando, liberados ya de este cuerpo corruptible, seamos admitidos por Dios en Su Presencia.

CAPÍTULO II

Autonegación

I. No nos pertenecemos, somos del Señor.

1. La ley divina contiene un plan adecuado y ordenado para la regulación de nuestra vida; pero nuestro Padre celestial ha querido dirigir a los hombres por medio de un principio clave excelente.

Es el deber de todo creyente presentar su cuerpo como un sacrificio vivo, santo, aceptable a Dios, como indica la Escritura. En esto consiste la verdadera adoración.

El principio de la santidad nos lleva a la siguiente exhortación: "No os adaptéis a las formas de este mundo, sino transformaos por medio de la renovación de vuestra mente, para que comprobéis cuál es la voluntad de Dios; lo bueno, lo que le agrada, y lo perfecto" (Rom. 12:2).

Es muy importante que estemos consagrados y dedicados al Señor, pues eso significa que pensamos, hablamos, meditamos o hacemos cualquier cosa teniendo como motivo principal la gloria de Dios.

Recordemos que aquello que es sagrado no puede aplicarse a usos impuros sin cometer una seria injusticia y agravio a Dios.

2. Si no somos nuestros y pertenecemos al Señor, debemos huir de aquellas cosas que le desagradan y encauzar nuestras obras y nuestros hechos a todo aquello que Él aprueba.

Basándonos en el hecho de que no nos pertenecemos, tendríamos que aceptar que ni nuestra razón ni nuestra voluntad deberían guiarnos en nuestros pensamientos y acciones.

Si no somos nuestros, no hemos de buscar satisfacer los apetitos de nuestra carne.

Si no somos nuestros, entonces olvidémonos de nosotros mismos y de nuestros intereses todo cuanto nos sea posible.

Pertenecemos a Dios; por lo tanto, dejemos de lado nuestra conveniencia y vivamos para Él, permitiendo que Su sabiduría guíe y domine todas nuestras acciones.

Si pertenecemos al Señor, dejemos que cada parte de nuestra existencia sea dirigida hacia Él. Ésa debe ser nuestra meta suprema.

3. ¡Cuánto ha avanzado aquel hombre que ha aprendido a no pertenecerse a sí mismo, ni a ser gobernado por su propia razón, sino que rinde y somete su mente a Dios!

El veneno más efectivo que lleva a los hombres a la ruina es el hecho de jactarse en sí mismos, en el poder y la sabiduría humana. La única salida para zafarse de este autoengaño es sencillamente seguir la guía del Señor.

Nuestro primer paso debería ser el de aplicar todo nuestro poder al servicio del Señor.

4. El servicio del Señor no sólo implica una auténtica obediencia, sino también la voluntad de poner aparte los deseos pecaminosos y rendirse completamente al liderazgo del Espíritu Santo.

La transformación de nuestras vidas por medio del Espíritu Santo es lo que Pablo llama la renovación de la mente. Éste es el verdadero principio de la vida, el cual los filósofos de este mundo desconocen.

Los filósofos paganos ponen la razón como la única guía

de la vida, de la sabiduría y la conducta, pero la filosofía cristiana nos demanda que rindamos nuestra razón al Espíritu Santo, lo que significa que ya no vivimos más para nosotros mismos, sino que Cristo vive y reina en nuestro ser. Ver Rom. 12:1; Efes. 4:23; Gál. 2:20.

II. Buscar la gloria de Dios implica una autonegación.

1. No busquemos nuestros propios intereses, sino aquello que complace al Señor y contribuye a promover su gloria.

Hay una gran ventaja en olvidarnos prácticamente de nosotros mismos y en dejar de lado todo aspecto egoísta; pues así podemos enfocar nuestra devota atención a Dios y Sus mandamientos.

Cuando la Escritura nos dice que descartemos todas las consideraciones personales y egoístas, no sólo excluye de nuestras mentes el deseo de riquezas, de poder y el favor de los hombres, sino que también hace desvanecer de nuestra imaginación las falsas ambiciones, los apetitos por la gloria humana, y otras maldades secretas.

Todo creyente debe tener el deseo ferviente de contar con Dios para cada momento de su vida.

2. Un cristiano medirá todas sus acciones por medio de la ley de Dios, y sus pensamientos secretos estarán sujetos a Su divina voluntad.

Si un hombre ha aprendido a depender de Dios para cada empresa de Su vida, será liberado de todos sus vanos deseos.

La negación de nosotros mismos, que ha sido tan diligentemente ordenada por Cristo a Sus apóstoles desde el principio, terminará dominando todos los deseos de nuestros corazones.

Esta negación de nosotros mismos no dejará lugar para el orgullo, la arrogancia, la vanagloria, la avaricia, la licencia, el amor a la lujuria, al lujo, o cualquier otra cosa nacida del amor al "yo".

Sin el principio de la autonegación el hombre es llevado a la indulgencia por los vicios más grotescos sin un mínimo de vergüenza, y si es que hay alguna apariencia de virtud en él, la misma se desvanece por una pasión desordenada que busca su propia gloria.

Mostradme un solo hombre que no crea en la santa ley de Dios o en la autonegación, y que aun así practique la virtud entre los hombres.

3. Todos aquellos que no han sido influidos por el principio de la autonegación, han procurado de algún modo seguir la virtud, pero lo han hecho con el deseo de conseguir la alabanza por parte de los demás hombres.

Aun los filósofos que sostienen que la virtud es algo deseable por sí misma, se han enaltecido en su arrogancia, demostrando que no desean la virtud sino para tener una oportunidad de ejercitar su orgullo.

Dios no se complace en absoluto con aquellos que son ambiciosos y altivos, y cuyos corazones están llenos de orgullo y presunción. De estos hombres el Señor dice que ya tienen su recompensa en este mundo, y que las rameras y los fariseos (arrepentidos), están más cerca que ellos del reino de los cielos.

4. Incontables son los obstáculos del hombre que desea hacer lo que es correcto y al mismo tiempo se resiste a negar su "yo".

Desde la antigüedad se sabe que hay todo un mundo de vicios escondido en el alma humana, pero la autonegación cristiana es el remedio para acabar con todos.

Sólo hay liberación para el hombre que renuncia a su egoísmo, y cuya única meta es agradar al Señor y hacer lo que es bueno delante de Sus ojos.

III. Autonegación significa sobriedad, justicia y devoción.

1. El apóstol Pablo nos da un breve sumario de una vida bien regulada cuando le dice a Tito:

"Porque la gracia de Dios se ha manifestado para ofrecer salvación a todos los hombres, enseñándonos que, renunciando a la impiedad y a los deseos mundanos, vivamos en este siglo sobria, justa y piadosamente, aguardando la esperanza bienaventurada y la manifestación gloriosa de nuestro gran Dios y Salvador Jesucristo, quien se dio a sí mismo por nosotros para redimirnos de toda iniquidad y purificar para sí un pueblo de su propiedad, celoso de buenas obras" (Tit. 2:11-14).

Pablo declara que necesitamos la gracia de Dios como estímulo para nuestras vidas, pero que para llegar a una verdadera adoración deben quitarse de en medio dos obstáculos: primero, la falta de devoción a la cual estamos fuertemente inclinados, y luego, la concupiscencia de la carne que trata de agobiarnos y abrumarnos.

La falta de piedad y devoción no sólo da lugar a las supersticiones, sino a todo aquello que estorba el santo temor hacia Dios. Las concupiscencias mundanas representan o simbolizan las afecciones carnales.

Pablo nos urge a que dejemos de lado nuestros deseos anteriores, los cuales están en conflicto permanente con las dos tablas de la ley, y que renunciemos a todos los dictados de nuestra propia razón y voluntad.

2. El apóstol resume todas las acciones de la nueva vida en tres grupos: sobriedad, justicia y piedad.

Indudablemente la sobriedad significa castidad y templanza, y también el uso puro y frugal de las bendiciones temporales, incluyendo la paciencia en la pobreza.

La rectitud incluye todos los deberes de la justicia, de modo que cada hombre reciba lo que le corresponde.

La piedad nos separa de la contaminación del mundo y, por medio de la verdadera santidad, nos une a Dios.

Cuando las virtudes de la sobriedad, la justicia y la piedad están firmemente unidas, producen una absoluta perfección.

3. Nada es más difícil que dejar de lado los pensamientos carnales, someter y renunciar a nuestros falsos apetitos, y consagrarnos a Dios y a nuestros hermanos, viviendo así una vida de ángeles en un mundo de corrupción.

Para librar nuestras mentes de todo engaño, Pablo llama nuestra atención a la esperanza de una bendita inmortalidad, y nos anima para que sepamos que nuestra esperanza no es en vano.

Así como Cristo apareció una vez como Redentor, Él

vendrá otra vez para mostrarnos los beneficios de la salvación que hemos obtenido.

El Señor Jesucristo nos quita de nuestra mente los encantos que nos ciegan, y nos impide volver a desearlos, dándonos un justo celo por la gloria celestial.

Cristo también nos enseña para que vivamos en este mundo como extranjeros y peregrinos, de modo que no perdamos nuestra herencia en los cielos. Ver Tit. 2:11-14.

IV. La verdadera humildad significa respeto por los demás.

1. La autonegación se refiere en parte a los hombres, pero más principalmente a Dios.

Cuando la Escritura nos ordena conducirnos de tal manera para con nuestros semejantes, de modo que prefiramos a los demás antes que a nosotros mismos, nos está dando un mandamiento de tal envergadura que no podemos recibir a menos que primero seamos curados de nuestra naturaleza pecaminosa.

Estamos tan cegados y trastornados por el amor propio, que imaginamos que tenemos el justo derecho de exaltarnos y menospreciar a los otros al compararlos con nosotros mismos.

Si Dios ha derramado sobre nosotros un don excelente, pero imaginamos que el mismo se debe a nuestro propio logro, acabaremos henchidos de orgullo.

2. Todos estamos llenos de vicios que escondemos cuidadosamente de los demás, y nos engañamos pensando que

son cosas pequeñas y triviales. Es más, a veces los estimamos como verdaderas virtudes.

Si los mismos talentos que admiramos en nosotros (o aun mejores) los vemos en nuestro prójimo, con toda malignidad los despreciamos y los tenemos en poco, para así no tener que reconocer la superioridad de nuestros semejantes.

Si los otros tienen algún vicio, no nos contentamos con criticarlos aguda y severamente, sino que nos permitimos exagerarlos con todo nuestro odio.

El odio da paso luego a la insolencia, pues deseamos ser más excelentes que el resto de la humanidad, y nos imaginamos que no pertenecemos al común de la gente, considerando a los demás como seres inferiores.

3. El pobre se rinde ante el rico, la gente común a la que cree superior, los siervos a sus amos, los ignorantes a los estudiosos; pero no hay nadie que no se crea que él es superior a los demás.

Cada uno se adula a sí mismo y levanta un verdadero reinado en su "ego" interior.

Todos deseamos complacernos a nosotros mismos y censurar las ideas y conducta de nuestros semejantes, y en caso de que surja una diferencia, se convierte en una verdadera explosión de veneno.

Muchos pensamos que las otras personas son amables y encantadoras mientras no nos contradigan, pero ¿cuántos de nosotros nos mantenemos en calma y de buen humor si los demás se perturban o irritan?

4. Para poder vivir felices hemos de arrancar de nuestro

corazón los malos pensamientos y deseos de falsa ambición y amor propio desde las mismas raíces.

Si prestamos atención a las instrucciones de las Escrituras, observaremos que nuestros talentos no nos pertenecen, sino que son dones que el Señor nos da en Su gracia infinita.

Si nos enorgullecemos de nuestros talentos, estamos siendo ingratos para con Dios. "Porque ¿quién te distingue?, ¿o qué tienes que no hayas recibido? Y si lo recibiste, ¿por qué te glorías como si no lo hubieras recibido?" (1ª Cor. 4:7).

Debemos velar y ser conscientes de nuestras faltas, así como verdaderamente humildes. De este modo no nos inflaremos de orgullo, sino que, por el contrario, tendremos grandes razones para sentirnos abatidos.

5. Por otra parte, cuando vemos algún don de Dios en otra persona, no debemos estimar solamente el don, sino también a su poseedor, pues sería una maldad de nuestra parte robar a nuestro hermano el honor que le ha sido dado por Dios.

Se nos ha enseñado a pasar por alto las faltas de los demás, y no a fomentarlas por medio de la adulación.

Nunca deberíamos injuriar a otros por sus faltas, pues es nuestro deber mostrar amor y respeto para con todos.

Si prestamos atención al honor y la reputación de los demás, quienquiera que ellos sean, aprenderemos a conducirnos no solamente con moderación y excelente humor, sino con educación y un amplio sentido de la amistad.

Nunca llegaremos a la verdadera humildad de ningún otro modo que no sea humillándonos y honrando a nuestro prójimo desde lo profundo de nuestros corazones. Ver Rom. 12:10; Fil. 2:4; 1ª Cor. 4:7.

V. Debemos buscar el bien de los demás creyentes.

1. ¡Cuán extremadamente difícil nos es procurar el bien de nuestro vecino, a menos que dejemos de lado todas las consideraciones egoístas y nos olvidemos de nosotros mismos!

¿Cómo podemos llevar a cabo los deberes que Pablo nos enseña como obras de amor, a menos que renunciemos a nosotros mismos y nos dediquemos enteramente a los demás?

"El amor es paciente, es servicial; el amor no tiene envidia, el amor no es jactancioso, no se engríe; no hace nada indecoroso, no busca su propio interés, no se irrita, no toma en cuenta el mal; no se goza de la injusticia, mas se goza de la verdad" (1ª Cor. 13:4-6).

2. Aunque solamente se nos ordenase que no buscásemos nuestro propio beneficio, deberíamos, con todo, seguir ejerciendo una considerable presión sobre nuestra vieja naturaleza, pues está tan fuertemente inclinada a amar exclusivamente al "yo", que no estaría dispuesta fácilmente a dejar de lado sus intereses egoístas.

Busquemos, más bien, el provecho de los demás, y aun en forma voluntaria renunciemos a nuestros derechos por el bien de nuestro prójimo.

Las Escrituras nos urgen y nos advierten para que consideremos que cualquier favor que obtengamos del Señor lo hemos recibido con la condición de que lo apliquemos en beneficio común de la iglesia.

Hemos de compartir liberal y gustosamente todos y cada uno de los favores del Señor con los demás, ya que esto es lo único que los legitima.

Todas las bendiciones de que gozamos son depósitos divinos que hemos recibido con la condición de que los distribuyamos a los demás.

No podríamos imaginar un cometido más apropiado o una sugerencia más poderosa que ésta.

3. De acuerdo a las Escrituras, nuestros talentos personales han de ser comparados con los poderes conferidos a los miembros del cuerpo humano.

Ningún miembro del cuerpo mantiene su fuerza para sí mismo, ni la aplica para su uso exclusivo, sino solamente para el provecho de los demás. De igual modo, ningún miembro de la iglesia recibe ventajas de su propia actividad, sino a través de su cooperación con la totalidad del cuerpo de creyentes.

Cualquier habilidad que un fiel cristiano tenga, debe dedicarla al servicio de sus compañeros creyentes. También debería someter, con toda sinceridad, sus propios intereses al bienestar común de la iglesia.

Hagamos nuestra esta regla de buena voluntad y amabilidad, para que cuando tengamos la ocasión de ayudar a los demás, podamos comportarnos como quien algún día dará cuenta de sus propios actos, recordando siempre que la distribución de los beneficios se ha de determinar en armonía con la ley del amor.

En primer lugar no debiéramos intentar promover el bien

de los demás buscando el nuestro propio, sino preferir el beneficio de los otros por lo que en sí mismo significa.

4. La ley del amor no sólo concierne a los beneficios considerables, pues desde la antigüedad Dios nos ha ordenado que la recordemos y la pongamos en práctica aun en los pequeños favores de la vida.

Dios ordenó al pueblo de Israel que le ofreciese las primeros frutos del maíz, como una muestra solemne de que les era ilegítimo gozar de una bendición que previamente no hubiera sido ofrecida a Él.

Si los dones de Dios no son parte de nuestra vida santificada y no los dedicamos con nuestras propias manos a Su Autor, seríamos culpables de un abuso pecaminoso de ellos si desecháramos tal dedicación.

5. En vano podríamos intentar enriquecer al Señor mediante la distribución de los talentos y de los dones.

Como nuestras bondades no pueden alcanzar al Señor, como dice el salmista, hemos de ejercitarlo en favor de «los santos que están en la tierra».

La Escritura compara las limosnas con las ofrendas sagradas, para así mostrarnos que los ejercicios de caridad bajo el evangelio han tomado el lugar de los sacrificios bajo la ley del Antiguo Testamento. Ver 1ª Cor. 13:4-8; Sal. 16:2-3.

VI. Debemos buscar el bien de todos, amigos y enemigos.

1. Conociendo nuestra predisposición natural, el apóstol nos enseña a que no nos cansemos de hacer el bien, y

además añade que «el amor es paciente, ... no se irrita» (1ª Cor 13:4-5).

Dios nos manda hacer el bien a todos los hombres sin excepción, aunque la mayoría son muy inmerecedores si se les juzga de acuerdo a sus propios méritos.

También en esta ocasión la Escritura nos ayuda con un excelente argumento, enseñándonos a no pensar en el valor real del hombre, sino sólo en su creación, hecha conforme a la imagen de Dios. A Él debemos todo el honor y el amor de nuestro ser.

Además, los que formamos parte de la familia de la fe somos los que más podemos apreciar la imagen de Dios, porque Él la ha renovado y restaurado en nosotros por medio del Espíritu de Cristo.

2. De modo que si alguien aparece delante de vosotros necesitado de vuestro amable servicio, no tenéis razón alguna de rehusarle tal ayuda.

Supongamos que es un extraño el que necesita nuestro auxilio; aun así el Señor ha puesto en él Su propio sello y le ha hecho como uno de vuestra familia; por lo tanto, os prohíbe que despreciéis vuestra propia carne y sangre.

Supongamos que es vil e indigno; aun así el Señor le ha designado para ser adornado con Su propia imagen.

Supongamos que no tenéis ninguna obligación hacia él de servirle; aun así el Señor le ha hecho como si fuera Su sustituto, de modo que os sintáis obligados por los numerosos e inolvidables beneficios recibidos.

Supongamos que es indigno del más mínimo esfuerzo a su favor; pero la imagen de Dios en él es digna de que os rindáis vosotros mismos y vuestras posesiones a él.

Si él no ha mostrado amabilidad, sino que, por el contrario, os ha maltratado con sus injurias e insultos, aun así no hay razón para que no podáis rodearle con vuestro afecto y hacerle objeto de toda clase de favores.

Podríais decir que él se merece un trato muy diferente, pero ¿qué es lo que ordena el Señor, sino que perdonemos a todos los hombres sus ofensas y remitamos la causa a Él mismo?

3. Éste es el único camino para obtener aquello que no sólo es dificultoso, sino aun repugnante a la naturaleza humana: amar a quienes nos odian, corresponder a las injurias con amabilidad, y devolver bendiciones por insultos.

Recordemos siempre que no hemos de pensar continuamente en las maldades del hombre, sino darnos cuenta de que él es portador de la imagen de Dios.

Si con nuestro amor cubrimos y hacemos desaparecer las faltas del prójimo, considerando la belleza y dignidad de la imagen de Dios en él, seremos inducidos a amarle de corazón. Ver Heb. 12:16; Gál. 6:10; Is. 58:7; Mat. 5:44; Luc. 17:3 y 4.

VII. Una buena conducta cívica no es suficiente.

1. Si no cumplimos con todos los deberes del amor, nunca podremos practicar una negación real del yo.

Estos deberes no los cumple aquel cristiano que realiza su servicio de una forma meramente externa, sin omitir ni siquiera un detalle, sino el que actúa tomando como base el sincero principio del amor.

Puede acontecer que el hombre desempeñe sus deberes de acuerdo con sus mejores habilidades, pero si su corazón no está en lo que hace, le falta mucho para llegar a su meta.

Hay quienes son conocidos por ser muy liberales, y aun así nunca han dado nada sin manifestar su regañina, orgullo o, incluso, insolencia.

En nuestros días estamos tan sumergidos dentro de esta especie de calamidad, que casi nadie es capaz de dar una miserable limosna sin una actitud de arrogancia o desdén.

La corrupción de los tiempos en que vivimos es tan enorme que no habría sido tolerada aun por los propios paganos.

2. Al practicar la caridad, los cristianos deberían tener algo más que una cara sonriente, una expresión amable o un lenguaje educado.

En primer lugar, tendrían que situarse en el lugar de aquella persona que necesita su ayuda, y simpatizar con ella como si fuesen ellos mismos los que están sufriendo. Su deber es mostrar una verdadera humanidad y misericordia, y ofrecer su ayuda con tanta espontaneidad y presteza como si fuera para ellos mismos.

La piedad que surge del corazón hará que se desvanezcan la arrogancia y el orgullo, y nos prevendrá de tener una actitud de reproche o desdén hacia el pobre y el necesitado.

Cuando un miembro de nuestro cuerpo físico está enfermo, y todo el organismo tiene que ponerse en acción para restaurarlo y volverlo a la salud, no tomamos una actitud de desprecio hacia ese miembro enfermo, ni lo cuidamos o lo sostenemos por obligación, sino con nuestra mejor voluntad.

3. La ayuda mutua que las diferentes partes del cuerpo se ofrecen las unas a las otras no es considerada por la ley de la naturaleza como un favor, sino como algo lógico y normal cuya negativa sería cruel. Por tanto, si un hombre ha realizado un servicio a otro, no debe considerarse librado de todas sus demás obligaciones. Por ejemplo, si alguien es rico y ha dado parte de su propiedad, pero en cambio se niega a ayudar a otros en sus problemas, no puede considerarse excusado de haber cumplido con todas sus obligaciones.

Por más importante que sea, cada hombre debe darse cuenta de que es deudor de su prójimo, y que el amor le demanda que dé hasta el límite de su capacidad.

VIII. No hay felicidad sin la bendición de Dios.

1. Analicemos en forma más detallada este aspecto de la autonegación y su relación con Dios. No hace falta repetir los muchos comentarios que ya se han hecho anteriormente, pero será suficiente con señalar cómo esta forma de esta autonegación puede hacernos apacibles y pacientes.

En primer lugar, la Escritura nos llama la atención al hecho de que si deseamos sosiego y tranquilidad en nuestras vidas, tenemos que rendirnos a nosotros mismos y todo aquello que tenemos a la voluntad de Dios. Al mismo tiempo, y puesto que es nuestro Salvador y el Señor de nuestras vidas, deberíamos también rendir a Él todos nuestros afectos. Nuestra naturaleza carnal, en su forma natural, desenfrenada y codiciosa, anhela las riquezas y el poder, el honor y la vanidad, y todo aquello que llene nuestra existencia de una pompa vacía e inútil.

Por otra parte, tememos y aborrecemos la pobreza, la oscuridad y la humildad, y tratamos de evitar estas cosas por todos los medios posibles.

No es difícil ver en nuestros días cómo la gente se afana, siguiendo los deseos y dictados de su propia mente, para conseguir todos aquellos objetos que su ambición y codicia les demandan.

2. Los creyentes hemos de tener siempre presente el hecho de que todo lo que comprende y rodea nuestra vida depende únicamente de la bendición del Señor.

A veces pensamos que podemos alcanzar fácilmente las riquezas y el honor con nuestro propio esfuerzo, o por medio del favor de los demás; pero tengamos siempre presente que estas cosas no son nada en sí mismas, y que no podremos abrirnos camino por nuestros medios a menos que el Señor quiera prosperarnos.

3. Por otra parte, esta bendición nos abrirá el camino para que seamos prósperos y felices, no importa las adversidades que puedan venir. Aunque seamos capaces de obtener cierta medida de bienestar y fama sin la bendición divina, como sucede con mucha gente mundana, vemos que estas personas están bajo la ira de Dios y, por lo tanto, no pueden disfrutar de la más mínima partícula de felicidad.

Así pues, llegamos a la conclusión de que no podemos obtener nada sin la bendición divina, y aunque pudiésemos lograrlo, acabaría siendo una calamidad para nuestras vidas.

Reflexionemos entonces y no seamos necios en anhelar aquellas cosas que nos harían más desdichados.

IX. No debemos estar ansiosos por obtener riquezas y honores.

1. Si creemos que todo anhelo de prosperidad y bienestar debe basarse solamente en la bendición divina, y que sin ella sólo podemos esperar miserias y calamidades, también hemos de entender que no tenemos que estar ansiosos en tratar de conseguirlo todo apoyándonos en nuestra propia diligencia y aptitudes, dependiendo del favor de los hombres o confiando en la "buena suerte". Esperemos siempre en el Señor; Él nos dirigirá de modo que podamos obtener la bendición que tiene reservada para nuestras vidas.

Si esperamos en Dios, ya no tendremos que apresurarnos para conseguir las riquezas y el honor por medios dudosos, engañando a nuestro prójimo o sirviéndonos de triquiñuelas, sino que antes nos abstendremos de estas cosas que nos apartan del camino de la voluntad de Dios.

Pues ¿quién puede esperar la ayuda o la bendición divina sobre el fraude, el robo u otros actos deshonestos?

2. La bendición divina viene únicamente sobre aquellos que son puros en sus pensamientos y justos en sus hechos, influyendo en todo aquel que procura mantenerse alejado de la corrupción y la maldad.

Todo creyente debe sentir deseos de permanecer apartado de la falsa ambición y la búsqueda inadecuada de grandezas y honores.

Pues ¿no sería acaso vergonzoso confiar en la ayuda divina si al mismo tiempo estamos en medio de asuntos que contradicen Su Palabra?

Lejos está de Dios prosperar con Su bendición al que antes ha maldecido con Su boca.

3. Finalmente, si no tenemos el éxito que esperamos, no debemos impacientarnos ni detestar nuestra condición, cualquiera que ésta sea, porque esta actitud denota una rebelión contra Dios, quien reparte a cada uno según Su sabiduría y santa voluntad.

En conclusión, aquel que retiene la bendición de Dios de la forma que hemos descrito, no irá detrás de aquellas cosas que el hombre mundano codicia, y no usará aquellos métodos de los cuales ya sabe que no va a sacar provecho.

Por otra parte, un verdadero cristiano no deberá atribuir ninguna prosperidad a su propia diligencia, trabajo o buena suerte, sino que ha de tener siempre presente que Dios es el que prospera y bendice.

Si solamente ha podido hacer pequeños progresos, o se queda atrás mientras los otros siguen adelante, deberá sobrellevar su pobreza con tranquilidad y moderación, y no con la rebeldía y exasperación con que lo hace un hombre del mundo.

4. El verdadero cristiano posee una dulce consolación que le proporciona más satisfacción que el mayor de los bienestares humanos, pues está convencido de que todos sus asuntos son regulados por el Señor según Su eterno propósito para los Suyos.

David, quien seguía a Dios y se rendía a Sus ordenanzas, dijo lo siguiente: "Jehová, no está envanecido mi corazón, ni mis ojos son altivos; no ando tras grandezas, ni tras cosas demasiado sublimes para mí. Sino que me he calmado y he acallado mi alma como un niño destetado de su madre; como un niño destetado está mi alma" (Sal. 131:1 y 2).

X. El Señor es justo en todos Sus actos.

1. Éste no es el único caso en que los creyentes deberían ser pacientes y temerosos de Dios, pues es menester vivir de esta forma en todas las circunstancias de la vida.

No hay nadie que se haya negado a sí mismo correctamente a menos que esté totalmente rendido al Señor y quiera dejar cada detalle de su existencia en Sus manos.

Si tenemos esa predisposición mental, las cosas que nos sucedan jamás nos harán sentir desdichados, ni tampoco acusaremos falsamente a Dios por nuestra suerte.

2. Si consideramos la enorme cantidad de accidentes a la que estamos expuestos, veremos cuán necesario es ejercitar nuestra mente de esta forma.

Enfermedades de todo tipo tocan nuestros débiles cuerpos, una detrás de la otra: o la pestilencia nos encierra, o bien los desastres de la guerra nos atormentan.

En otra ocasión, las heladas o el granizo devoran nuestras cosechas, y además somos amenazados por la escasez y la pobreza.

Otras veces nuestros seres queridos —esposo, esposa, padres, hijos y otros familiares— son arrebatados por la muerte; o nuestro hogar es abrasado por las llamas ardientes del fuego devorador.

En vista de estos acontecimientos la gente maldice su vida, y hasta el día en que nacieron; culpan al sol y a las estrellas, e incluso reprochan y blasfeman a Dios, como si Él fuera cruel e injusto.

3. Pero el fiel creyente, aun en medio de todas estas circunstancias meditará en las misericordias y en las bondades paternales de Dios.

Si ve que sus seres amados le son arrebatados y su hogar queda solitario, no cesará de bendecir a Dios, y considerará que la gracia de Su Padre celestial no le dejará desolado.

Si ve sus tierras de cultivo y sus viñedos destrozados por la escarcha o el granizo, y él y su familia amenazados por el hambre, no se desanimará ni estará insatisfecho, sino que persistirá en su firme confianza: —Estamos bajo el cuidado protector de nuestro Dios, somos "las ovejas de su prado", por lo que Él nos suplirá todo aquello que necesitamos.

Si alguien es afligido con la enfermedad, no se deprimirá con la amargura, ni se impacientará y se quejará contra Dios, sino que considerará la justicia y bondad de su Padre Eterno y crecerá en la paciencia mientras es castigado y corregido.

4. Resumiendo, si sabemos que cualquier cosa que nos ocurra es ordenada por Dios, la recibiremos con un corazón pacífico y agradecido, no siendo culpables de resistir orgullosamente los designios del Señor, a quien una vez nos hemos encomendado junto con todo lo que poseemos.

Lejos estará del corazón del cristiano aceptar el consuelo necio y retorcido de los filósofos paganos, quienes intentan endurecerse contra las adversidades culpando de ello a la suerte o al destino.

Los tales consideran que estar disgustados con la porción que nos toca es una locura, porque existe un poder ciego y cruel en el mundo que afecta a todos, dignos e indignos.

Sin embargo, el principio de la verdadera devoción es que sólo Dios es el Guía y Gobernador supremo, tanto en la prosperidad como en la adversidad, y que nunca se precipita, sino que distribuye todo bien y todo mal con la máxima justicia y equidad. Ver Sal. 79:13.

CAPÍTULO III

Pacientes y llevando la cruz

I. Llevar la cruz es más difícil que negarse a sí mismo.

1. El cristiano fiel ha de elevarse a un nivel superior donde Cristo llama a cada discípulo Suyo a "tomar su cruz".

Todos aquellos a quienes el Señor ha escogido y ha recibido en la compañía de sus santos, deben prepararse para una vida dura, difícil, laboriosa y llena de incontables penas.

Es la voluntad de nuestro Padre celestial permitir que Sus hijos pasen por todas estas vicisitudes, para así poder probarles.

De esta forma ocurrió con el Señor Jesucristo, Su Primogénito, y también así seguirá siendo con todos nosotros Sus hijos.

Si bien Cristo fue Su Hijo bienamado, en quien el Padre tenía contentamiento, no vivió sin pruebas ni tristezas, sino que fue afligido en gran manera. Toda Su vida fue una cruz perpetua.

2. El apóstol explica la razón, que fue necesario que aprendiera la obediencia por medio de aquellas cosas que padeció: "Y aunque era Hijo, aprendió la obediencia por lo que padeció..."

¿Por qué habríamos, entonces, de librarnos nosotros de esa condición a la cual Cristo, nuestro ejemplo y modelo, tuvo que someterse por amor a nosotros?

45

El apóstol Pablo nos enseña que el destino de todos los hijos de Dios es el de ser conformados a Su imagen.

Cuando experimentamos estas penas y calamidades, tenemos el consuelo de ser participantes de los sufrimientos de Cristo. Al pasar por nuestras muchas tribulaciones, recordamos a Aquel que franqueó un abismo de maldades y se elevó a la gloria del cielo.

3. Pablo nos dice que si conocemos "la participación de sus padecimientos", también entenderemos "el poder de su resurrección", y la participación en su muerte, y además estaremos preparados para compartir Su gloriosa resurrección.

¡Cuánto nos ayudan estos conceptos a sobrellevar la amargura de la cruz!

Cuanto más seamos afligidos por las adversidades, más será confirmada nuestra comunión con Cristo.

Por medio de esta comunión las contrariedades se convierten en bendiciones, y además son de gran ayuda para promover nuestra felicidad y salvación. Ver Mat. 16:24; 3:17; 17:5; Heb. 5:8; Rom. 8:29; Hech. 14:22; Fil. 3:10.

II. La cruz nos hace humildes.

1. Nuestro Señor no fue obligado a llevar la cruz excepto para mostrar y probar la obediencia a Su Padre. Pero hay muchas razones por las cuales nosotros debemos vivir bajo la continua influencia de la cruz.

Primero, puesto que somos inclinados por naturaleza a atribuirlo todo a la carne, a menos que aprendamos lecciones de nuestra propia estupidez, nos formaríamos fácilmente una noción exagerada de nuestra fuerza, dando por sentado que, pase lo que pase, seguiríamos permaneciendo invencibles.

Con esta clase de actitud nos henchiríamos como tontos con una confianza carnal y vana que nos llenaría de orgullo contra Dios, como si nuestro poder fuera suficiente y pudiésemos prescindir de Su gracia.

No hay ninguna forma mejor de reprimir esta vanidad que probando lo tontos que somos y lo frágil y vulnerable de nuestra naturaleza humana. En este caso, es necesario pasar por la experiencia de la aflicción. Por lo tanto, Él nos aflige con humillación, pobreza, pérdida de seres queridos, enfermedad u otras calamidades.

Algunas veces, al ser incapaces de sobrellevar estas cargas, pronto somos sepultados por ellas.

Así, siendo humillados, aprendemos a apelar a Su fortaleza, que es lo único que puede hacernos estar de pie ante tal cantidad de aflicciones.

2. Aun los más grandes santos, sabiendo que solamente pueden ser fuertes en la gracia del Señor, tienen un más profundo conocimiento de sí mismos una vez que han pasado por las muchas pruebas y dificultades de la vida. El mismo David tuvo que decir: "En mi prosperidad dije yo: No seré jamás zarandeado..." (Sal. 30:6).

David confiesa que la prosperidad había nublado de tal manera sus sentidos, que dejó de poner sus ojos en la gracia de Dios, de la cual debería haber dependido continuamente. En lugar de ello creyó que podía andar en sus fuerzas y se imaginó que no caería jamás.

3. Si esto le ocurrió a este gran profeta, ¿quién de nosotros no debería ser cuidadoso y temeroso?

Si bien en medio de la prosperidad muchos santos se han congratulado con perseverancia y paciencia, cuando la adversidad quebró su resistencia vieron que se habían engañado a sí mismos.

Advertidos de tales debilidades por tantas evidencias, los creyentes reciben una gran bendición por medio de la humillación.

Despojados así de su necia confianza en la carne, se refugian en la gracia de Dios, y una vez que lo han hecho, experimentan la cercanía y la comunión de la divina protección, que es para ellos una fortaleza inexpugnable.

III. La cruz nos hace ser esperanzados.

1. A esto se refiere Pablo cuando dice en Romanos 5:3, 4: "Y no sólo esto, sino que también nos gloriamos en las tribulaciones, sabiendo que la tribulación produce paciencia; y la paciencia, carácter probado; y el carácter probado, esperanza..."

Los cristianos experimentan por sí mismos que la promesa de Dios de ayudarles en sus tribulaciones es cierta, y así persisten en su paciencia apoyados en la fortaleza del Señor, y no en sus propios medios.

La paciencia, por lo tanto, hace que los santos puedan soportar sus pruebas, sabiendo que Dios les dará el auxilio que ha prometido en cualquier momento que lo necesiten.

Esto también confirma sus esperanzas, pues los cristianos seríamos desagradecidos si no confiáramos nuestro futuro a Dios, a quien conocemos que es firme e inmutable. Ahora vemos qué torrente inagotable de beneficios fluye desde la cruz.

Si descartamos las falsas opiniones de nuestras propias virtudes y descubrimos la hipocresía que nos engaña con sus adulaciones, nuestro orgullo natural y pernicioso se derribará.

Una vez derribados, y para que no tropecemos o nos hundamos en nuestra desesperación, el Señor nos enseña a confiar exclusivamente en Él.

De esta victoria reuniremos nuevas esperanzas, pues cuando el Señor cumple Sus promesas, confirma Su verdad para el futuro.

2. Aunque éstas fueran las únicas razones, ya son suficientes para mostrarnos cuán necesarias son las aflicciones de la cruz.

Ser arrebatados del amor a nuestro "ego" resulta sumamente provechoso, pues así nos damos cuenta de nuestra propia debilidad y, por lo tanto, dejamos de confiar en nosotros mismos para comenzar a poner toda nuestra confianza en Dios.

Encomendándonos y dependiendo solamente del Señor, podremos perseverar victoriosamente hasta el fin, y continuar en Su gracia, sabiendo que Él es fiel y verdadero en todas Sus promesas. Así podremos experimentar la certeza de Su palabra, de manera que nuestra esperanza se afiance cada vez más.

IV. *La cruz nos enseña obediencia.*

1. El Señor tiene aún otra razón para afligir a Sus hijos, y es la de probar su paciencia y enseñarles obediencia.

Ciertamente, los cristianos no pueden mostrar a Dios otra obediencia que la recibida de Sus manos; pero Él se complace de esta manera en probar y exhibir las gracias que les ha conferido a Sus santos, pues de otro modo permanecerían ocultas y serían inútiles.

Cuando los siervos de Dios manifiestan abiertamente sus dones de fortaleza y firmeza en medio de sus sufrimientos, la Escritura les confirma que Dios les está probando en su paciencia.

Veamos lo que dice Génesis 22:1: "Y aconteció después de estas cosas, que Dios puso a prueba a Abraham..." El patriarca probó que su devoción era auténtica porque no rehusó sacrificar a su hijo Isaac.

Por este motivo Pedro declara que nuestra fe es probada por medio de las tribulaciones, así como se prueba el oro por fuego.

2. ¿Quién puede negar la necesidad de que este precioso don de la paciencia, que el creyente ha recibido de Dios, sea desarrollado en la práctica de manera que el Señor pueda ver a los creyentes en el ejercicio del mismo? Además, si no fuera así, nunca llegaríamos a apreciarlo como es debido.

Dios mismo actúa a tiempo para que estas virtudes no lleguen a ser oscuras e inútiles, ofreciéndonos una ocasión para ponerlas en práctica.

Ésta es, sin duda, una de las mejores razones para probar

a los santos, pues por medio de la aflicción aprenden a ejercitar la paciencia

3. Los cristianos también son instruidos por medio de la cruz para la obediencia, porque de esta manera aprenden a seguir los deseos de Dios y no los suyos propios.

Si todo fuera conforme a sus deseos, no entenderían lo que en realidad significa seguir a Dios.

Séneca dijo que había una antigua costumbre por la cual se exhortaba a la gente a sobrellevar la adversidad recordando estas palabras: "Seguid a Dios."

Esto implica que el hombre se somete al yugo de Dios sólo cuando voluntariamente acepta la disciplina con la humildad de un niño.

Por lo tanto, si es razonable que nos mostremos obedientes a nuestro Padre celestial en todas las cosas, no podemos negarle el derecho de usar el medio que Él escoja para acostumbrar a Sus hijos a practicar esta obediencia. Ver Gén. 22:1, 2 y 1ª Ped. 1:7.

V. La cruz contribuye a la disciplina.

1. A menudo no entendemos cuán necesaria es esta obediencia para nosotros, a menos que también consideremos cuánto anhela nuestra carne quitarse de encima el yugo del Señor, tan pronto como somos tratados con algo de ternura e indulgencia.

Con nosotros ocurre lo mismo que con los caballos rebeldes, que si al principio son mimados y consentidos, se vuelven ariscos e indomables y no tienen ninguna contemplación para con sus jinetes, a quienes deberían de estar sometidos. .

En otras palabras, aquellos defectos por los cuales el Señor se quejaba del pueblo de Israel, se ven continuamente en cada uno de nosotros: Cuando nos "llenamos de grosura", nos volvemos contra Él, que nos ha cuidado y rodeado de cariño.

La bondad del Señor debe llevarnos a considerar y amar su misericordia y benignidad, pero como somos tan ingratos, es muy necesario que seamos restringidos por alguna clase de disciplina que quiebre nuestra obstinada voluntad.

2. Dios no quiere que seamos altivos cuando adquirimos riquezas, ni que nos volvamos orgullosos cuando recibimos honores. Tampoco que seamos insolentes cuando somos bendecidos con prosperidad y salud, por lo cual el mismo Señor, cuando lo considera conveniente, hace uso de la cruz para frenar, restringir y someter la arrogancia de nuestra carne.

Nuestro Padre procede a aplicarnos la disciplina por varios medios que resultan útiles y saludables para cada uno de nosotros.

No todos somos afligidos con la misma enfermedad, ni todos tenemos necesidad de la misma cura rigurosa. Ésta es la razón por la cual vemos a distintas personas disciplinadas con diferentes cruces. El Gran Médico celestial toma la responsabilidad de cuidar de todos Sus pacientes. A algunos Él les da una medicina más suave, y a otros les purifica por medio de tratamientos más drásticos, pero no deja a nadie sin disciplina, pues todo el mundo, sin excepción, está enfermo. (Deut. 32:15).

VI. La cruz trae arrepentimiento.

1. Además, es necesario que nuestro misericordioso Padre no sólo prevenga nuestra debilidad futura, sino también que corrija nuestras ofensas pasadas para mantenernos en el sendero de la obediencia.

Cuando nos llega la aflicción, debemos de examinar inmediatamente nuestra vida pasada, y, al hacerlo, ciertamente encontraremos que merecemos la disciplina que hemos recibido.

Sin embargo, no deberíamos sacar la conclusión de que a todos se nos exhorta primeramente a la paciencia, porque necesitamos recordar nuestros pecados.

La Escritura nos da mejores razones cuando nos dice que en la adversidad "somos corregidos por el Señor, para que no seamos condenados con el mundo".

2. En consecuencia, aun en la más amarga de nuestras pruebas deberíamos disfrutar de la misericordia y bondad de nuestro Padre, pues ni aun en las circunstancias más duras deja de preocuparse por nuestro bienestar.

Dios no nos aflige para destruirnos o arruinarnos, sino más bien para librarnos de la condenación del mundo.

Este pensamiento nos lleva a otro versículo de la Escritura: "No menosprecies, hijo mío, la represión de Jehová, ni te fatigues de su corrección; porque Jehová al que ama reprende, como el padre al hijo a quien quiere."

Cuando reconocemos la vara de un padre, ¿no deberíamos mostrarnos dóciles antes que imitar la actitud de esos hombres desesperados que se han endurecido en sus mismas maldades?

Si el Señor no nos atrajera hacia Él por medio de la corrección cuando le hemos fallado, nos dejaría perecer junto con el mundo. Como dice en la Epístola a los Hebreos: "Pero si estáis sin disciplina, de la cual todos han sido participantes, entonces sois bastardos, y no hijos."

3. Si no estamos de acuerdo con Dios somos realmente perversos, pues Él nos muestra continuamente Su amor y benevolencia, y Su gran preocupación por nuestra salvación.

La Escritura establece esta diferencia entre los creyentes y los que no lo son; los últimos, como viejos esclavos de su incurable perversidad, no pueden soportar la vara, pero los primeros, como auténticos hijos de noble cuna, proceden al arrepentimiento y aceptan la corrección.

Ahora nos toca a nosotros decidir de qué lado queremos estar.

Habiendo ya tratado este tema en otras muchas páginas, basta decir que lo he tocado aquí en forma breve. Ver 1ª Cor. 11:32; Prov. 3:11, 12; Heb. 12:8.

VII. La persecución trae consigo el favor de Dios.

1. El favor del Señor es una fuente de singular consolación para todo aquel creyente que sufre "persecución por causa de la justicia". En tales ocasiones deberíamos darnos cuenta de que Dios nos honra, haciéndonos objeto de la ministración de Su consuelo y misericordia.

Cuando hago mención de la "persecución por causa de la justicia", no sólo me refiero a aquellas ocasiones en que sufrimos por causa del evangelio, sino también cuando la gente se nos opone ante nuestra defensa por cualquier causa justa.

Al defender la verdad de Dios contra las mentiras de Satanás, o proteger a la gente buena e inocente contra las injusticias y las injurias, es posible que seamos presa del aborrecimiento y el odio del mundo, de manera que nuestras vidas, nuestras posesiones, o aun nuestra reputación, estén en peligro.

Sin embargo, no deberíamos afligirnos ni considerarnos miserables cuando estamos en el servicio de Dios, pues Él, de Su propia boca nos llama bienaventurados. Es verdad que la pobreza en sí misma es una miseria, e igualmente puede decirse del exilio, el desprecio, la vergüenza y la cárcel; y de todas las calamidades la muerte es la última y la peor. Pero cuando Dios nos cubre con Su favor, todas estas cosas obran para nuestra felicidad y nuestro bienestar.

Estemos, pues, contentos con la aprobación de Cristo, antes que con la falsa opinión de nuestra carne. Entonces nos regocijaremos como los apóstoles, que se consideraban "gozosos de haber sido tenidos por dignos de padecer afrenta por causa del Nombre".

2. ¿Qué hay de todo ello?

Si siendo inocentes y teniendo una buena conciencia nos vemos despojados de nuestros bienes terrenales a causa de la maldad del mundo, debemos concentrarnos en el aumento de nuestras verdaderas riquezas con Dios en los cielos.

Si tenemos que salir de nuestro país, seremos recibidos en una íntima relación con Dios.

Si somos atormentados y despreciados, seremos más arraigados en Cristo al acudir a Él.

Si somos cubiertos de reproche y de vergüenza, recibiremos una mayor gloria en el Reino de Dios.

Si somos masacrados, seremos recibidos en la gloria eterna.

Deberíamos estar avergonzados de considerar los valores eternos de menos valor que las cosas corruptibles y los placeres pasajeros de la vida presente. Ver Mat. 2:10; Hech. 5:41.

VIII. *La persecución debería producir gozo espiritual.*

1. Puesto que la Escritura nos conforta una y otra vez en las pruebas y penurias que experimentamos en defensa de una causa justa, podemos, por tanto, ser acusados de ingratos si no recibimos estas pruebas de la mano de Dios con resignación y gozo espiritual; especialmente desde que este tipo de aflicción, o cruz, es más propia de los creyentes.

De acuerdo a lo que dice Pedro, el Señor Jesucristo será glorificado por medio de nuestro sufrimiento.

Como para algunas mentes independientes un tratamiento desdeñoso es más tolerable que cien muertes, Pablo nos advierte que no nos espera solamente la persecución, sino también el reproche, porque "hemos puesto nuestra esperanza en el Dios viviente".

En otro pasaje el apóstol nos hace recordar que sigamos su ejemplo y vayamos "a través de la gloria y de deshonor, de calumnia y de buena fama".

2. Por otra parte, no se nos pide que estemos alegres mientras nos sacudimos el sentimiento de pena y amargura.

Los santos no podrían experimentar ninguna paciencia en llevar la cruz, a menos que no fuesen perturbados por la pena y afligidos por el sufrimiento.

Por ejemplo, si no hay apuros en la pobreza, o agonía en la enfermedad, o dolor en los insultos, u horror en la muerte, ¿qué valor tendría el hecho de mirar estas aflicciones con indiferencia?

Sin embargo, puesto que cada una de ellas, por medio de su propia amargura, humilla nuestro corazón como algo muy normal, los cristianos fieles mostrarán su verdadera fortaleza resistiendo y sobreponiéndose a su pena, sin importarles cuánto deban esforzarse para conseguirlo.

Estos hijos de Dios serán pacientes cuando sean provocados con furia, y por el temor de Dios se abstendrán de responder con arrebatos de ira.

Manifestarán su gozo y alegría cuando, al ser heridos y entristecidos por la pena, descansen en la consolación espiritual de Dios. Ver 1ª Ped. 4:14; 1ª Tim. 4:10; 2ª Cor. 6:8, 9.

IX. *Nuestra cruz no debería hacernos indiferentes.*

1. Pablo ha descrito ampliamente esta lucha espiritual de los creyentes contra sus emociones naturales de pesar, mientras tratan de conducirse con paciencia y moderación: "...que estamos atribulados en todo, mas no estrechados; en apuros, mas no desesperados; perseguidos, mas no desamparados; derribados, pero no destruidos..." (2ª Cor. 4:8, 9).

Es evidente que el hecho de llevar la cruz pacientemente no significa que nos endurezcamos a nosotros mismos, o que no sintamos ninguna pena. De acuerdo a los filósofos estoicos, un hombre noble es alguien que ha dejado de lado su humanidad, y que no permite que le afecte ningún tipo de adversidad ni prosperidad, ni siquiera el gozo o la pena, sino que actúa tan fríamente como una roca.

¿Qué provecho hay en esta orgullosa sabiduría?

Estos filósofos han representado una imagen de la paciencia que nunca ha sido encontrada entre los hombres y que, por otra parte, no puede existir, y en su deseo de encontrar esa clase de paciencia tan singular, la han quitado de la vida humana.

2. Actualmente hay entre los cristianos modernos algunos estoicos que piensan que está mal llorar y gemir, y aun lamentarse en su soledad.

Esas opiniones vienen generalmente de hombres que son más soñadores que prácticos, y quienes, en consecuencia, no pueden producir nada sino fantasías.

3. Nosotros no compartimos las opiniones de una filosofía tan rígida y dura, a la cual nuestro Señor y Maestro Jesús ha condenado en palabra y ejemplo.

Nuestro Salvador ha gemido y llorado por sus propias calamidades y por las de los demás, y no enseñó a Sus discípulos a comportarse ante las mismas de forma diferente.

El Señor dijo: "De cierto, de cierto os digo, que vosotros lloraréis y os lamentaréis, y el mundo se alegrará; vosotros os entristeceréis..."

Y para que ningún hombre llame a la tristeza un vicio, Él ha pronunciado una bendición sobre aquellos que gimen.

4. Y no es para maravillarse, pues si Él condenara todas las lágrimas, ¿qué podríamos pensar entonces de Aquel de cuyo cuerpo brotaron lágrimas de sangre?

Si cada temor fuera rotulado como incredulidad, ¿qué nombre le daríamos a la ansiedad de la cual leemos en la Escritura que sumió a nuestro Señor en una profunda tristeza? Si toda pena es desagradable, ¿cómo podríamos estar complacidos con la confesión de que Su alma estaba triste "hasta la muerte"? Ver Jn. 16:20; Mat. 5:5; Luc. 22:44.

X. La cruz es necesaria para nuestra sumisión.

1. Estas cosas deben mencionarse para que las mentes devotas sean guardadas de la desesperación y no renuncien a sus deseos de paciencia porque no pueden dejar de lado su inclinación natural hacia la pena. El fin de aquellos que dejan que su paciencia se deslice hasta caer en la indiferencia es la desesperación. Estas mismas personas dicen que un hombre es fuerte y valiente cuando hace de sí mismo un bloque de granito incapaz de sentir nada.

Por el contrario, la Escritura alaba a los santos por su paciencia cuando son severamente afligidos a causa de sus adversidades, pero no quebrados y aplastados por ellas; cuando están acongojados, pero sin embargo su corazón está lleno de gozo espiritual; cuando están bajo el peso de la ansiedad y acaban exhaustos, y aún saltan de gozo al experimentar la consolación divina.

2. Al mismo tiempo existe un verdadero conflicto en sus corazones, porque sus sentimientos naturales les hacen temer y tratan de evitar lo que resulta hostil para su experiencia.

A pesar de ello, nuestro celo por la devoción lucha a través de nuestras dificultades, de manera que nos volvamos obedientes a la divina voluntad.

El Señor habló sobre este conflicto cuando se dirigió a Pedro de la siguiente manera: "De cierto, de cierto te digo: Cuando eras más joven, te ceñías tú mismo, e ibas adonde querías; mas cuando ya seas viejo, extenderás tus manos, y te ceñirá otro, y te llevará adonde no quieras."

No es probable que Pedro, cuando fue llamado a glorificar a Dios por medio de Su muerte, fuese llevado al martirio con desgana y aversión. De ser así su martirio habría sido de muy poca alabanza y gloria para el Señor.

En cambio, debemos reconocer que, por más que Pedro se hubiera sometido a la divina voluntad con todo el fervor de su corazón, no se había despojado de sus sentimientos humanos, motivo por el cual fue perturbado por un conflicto interno.

Seguramente cuando pensaba en la sangrienta muerte que le esperaba, se estremecía a causa del temor, y, de ser posible, gustosamente hubiese escapado de ella.

Sin embargo, cuando consideraba que Dios le había llamado a morir de esa manera, su temor se anulaba y se sometía a la voluntad del Señor con sumisión, y aun con alegría.

3. Por tanto, si deseamos ser discípulos de Cristo, debemos reverenciar a Dios de tal manera que podamos

triunfar sobre todas las inclinaciones contrarias y someternos con gozo a Su plan.

De esta forma podremos permanecer constantes en nuestra paciencia, cualquiera que sea la clase de aflicción que tengamos, o aun la más grande agonía mental.

La adversidad nunca dejará de herirnos con su aguijón.

Cuando somos afligidos por la enfermedad, debemos gemir y orar por nuestra recuperación.

Cuando somos agobiados por la pobreza, nos sentiremos solos y apenados.

Cuando somos oprimidos, despreciados y ofendidos, nos sentiremos entristecidos y deprimidos.

Cuando tengamos que asistir al funeral de nuestros amigos, derramaremos muchas lágrimas.

4. Sin embargo, no olvidemos este pensamiento consolador: El Señor planeó nuestras penas, de manera que hemos de someternos a Él.

Aun en los peores momentos de la agonía, los gemidos y las lágrimas, animémonos con esta reflexión de modo que nuestros corazones puedan soportar gozosamente las tormentas que azotan nuestro ser.

XI. La cruz es necesaria para nuestra salvación.

1. Ahora que hemos puntualizado que la principal consideración para llevar la cruz es la voluntad divina, debemos finalmente señalar, en forma breve, la diferencia entre la paciencia filosófica y la cristiana.

Muy pocos filósofos han alcanzado un entendimiento lo

suficientemente elevado que les permita comprender que estamos sujetos a las aflicciones por la voluntad divina, o que es nuestro deber someternos a ella.

Aun aquellos que han llegado más lejos, no sacan otra conclusión que ésta: la resignación es un mal necesario.

¿Qué significa esto, sino que debemos someternos a Dios, porque cualquier esfuerzo para resistirle es en vano?

Si obedecemos a Dios solamente por necesidad, dejaremos de hacerlo tan pronto como podamos escapar de Él.

2. La Escritura nos ordena considerar la divina voluntad a la luz de un concepto diferente; primeramente, consistente con la justicia y equidad; y, luego, destinada al perfeccionamiento de nuestra salvación.

Las exhortaciones cristianas a la paciencia son, entonces, las siguientes: Ya sea que seamos afligidos con pobreza, exilio, prisión, reproches, enfermedades, pérdida de los seres queridos o calamidades similares, debemos recordar que ninguna de estas cosas suceden sin la voluntad y la providencia de Dios; y, más aún, que Él no hace nada que no sea absolutamente justo.

¿No merecen acaso los innumerables pecados que cometemos cada día una disciplina mucho más severa que la que nuestro Dios nos inflige en Su misericordia?

¿No es razonable el pensamiento de que nuestra carne tenga que estar sometida, y que tengamos que acostumbrarnos a un yugo, de manera que nuestros impulsos carnales no nos dominen y nos lleven a un carácter intemperante?

¿No son dignas de soportar la justicia y la verdad de Dios, a causa de nuestros pecados?

No podemos murmurar o rebelarnos sin caer en la iniquidad.

No escuchemos más el frío refrán de los filósofos diciéndonos que tenemos que someternos por necesidad, sino prestemos atención a este llamado eficiente y vivo: Hemos de obedecer porque es incorrecto resistir.

Aprendamos a sufrir pacientemente, porque la impaciencia es una rebelión contra la justicia de Dios.

3. Puesto que sólo nos gusta aquello que imaginamos provechoso y próspero para nosotros, nuestro Padre misericordioso nos conforta enseñándonos que es necesario hacernos llevar la cruz para promover nuestra salvación.

Si vemos claramente que las adversidades son buenas para nosotros, ¿por qué, entonces, no sobrellevarlas con corazones tranquilos y agradecidos?

Si llevamos nuestras penalidades pacientemente, no nos rendiremos ante ellas por necesidad, sino que nos someteremos sabiendo que resultan para nuestro beneficio.

La conclusión de estas consideraciones es que cuanto más seamos oprimidos por la cruz, más grande será nuestro gozo espiritual, e inevitablemente a este gozo se añade la gratitud.

Si la alabanza y la acción de gracias al Señor deben surgir de un corazón alegre y gozoso —y no hay nada que deba reprimir tales emociones—, entonces es evidente que Dios neutralizará la amargura de la cruz por medio del gozo del Espíritu.

CAPÍTULO IV

La desesperanza en el mundo venidero

I. No hay corona sin cruz.

1. Cualquiera que sea la clase de pruebas que nos aflige, debemos siempre mantener nuestra vista en esta meta: hemos de acostumbrarnos al menosprecio [de las vanidades] de la vida presente, para que podamos meditar en la vida futura.

El Señor sabe que por naturaleza estamos inclinados a amar a este mundo de forma ciega y carnal; por lo tanto, usa unos excelentes medios para atraernos hacia Él y levantarnos de nuestra negligencia, de modo que nuestro corazón no se apegue demasiado a esa tonta inclinación.

2. No hay ni uno de nosotros que no luche apasionadamente durante todo el curso de su vida por conseguir la inmortalidad celestial, ni nadie que no trate de alcanzarla.

Realmente estamos avergonzados de no ser mejores que los animales, cuya condición no sería en absoluto inferior a la nuestra si no fuera por la esperanza de la eternidad después de la muerte.

Pero si examinamos de cerca los planes y empresas ambiciosas, y las acciones de cada individuo, hallaremos que sus ambiciones sólo alcanzan el nivel de esta tierra.

Por eso podemos considerarnos realmente tontos cuando permitimos que nuestra mente se ciegue con el esplendor de las riquezas, el poder y el honor y no pueda ver más allá de estas cosas.

También el corazón, angustiado y lleno de avaricia, ambición y otros malos deseos, no puede elevarse por encima del nivel terrenal.

En resumen, cuando el alma se encuentra envuelta en los deseos carnales, busca su felicidad en las cosas de esta tierra.

3. Para contrarrestar esta inclinación del hombre natural, el Señor nos enseña lo que es en verdad la vanidad de la vida presente, por medio de varias lecciones en las que interviene la aflicción.

Para que los cristianos no se sientan cómodos con una vida de facilidades y confort, Dios permite que sean frecuentemente perturbados por medio de guerras, revoluciones, robos y otras calamidades.

Para que no se apeguen con avidez a las riquezas pasajeras de este mundo, o que no dependan solamente de aquello que poseen, Él les reduce a la pobreza, o les limita a la mediocridad, algunas veces por medio del exilio, otras por la esterilidad de la tierra, a veces por el fuego o cualquier otro medio.

Para que no sean demasiado complacientes o se deleiten en exceso con la vida matrimonial, permite que tengan algún que otro disgusto debido a los defectos de cada miembro de la pareja, les humilla a través de sus hijos, o les aflige con el afán de querer descendencia y no poder tenerla, o bien por medio de la pérdida de un hijo.

Pero siendo Dios tan bueno y misericordioso con los Suyos, por medio de las enfermedades y los peligros les enseña lo inestables y pasajeras que son las bendiciones terrenales, de manera que no se llenen de vanagloria.

4. Por lo tanto, entendamos que solamente podemos cosechar favores de la cruz cuando aprendemos que esta vida en sí misma está llena de sinsabores, perturbaciones, dificultades y miserias; que no es una vida feliz desde ningún punto de vista, y que sus llamadas bendiciones son inciertas, pasajeras y están mezcladas con un sinfín de adversidades.

Tengamos, pues, presente que lo único que podemos esperar en este mundo es una lucha continua y atroz; elevemos, entonces, nuestros ojos al cielo para ver allí nuestra corona.

Sin embargo, debemos admitir que nuestro corazón nunca está dispuesto a meditar y desear las bendiciones de la vida futura, a menos que haya aprendido concienzudamente a dejar de lado las vanidades del mundo presente.

II. Nos inclinamos a sobrestimar la vida presente.

1. No hay un punto intermedio entre estos dos extremos: o subestimamos esta tierra, o bien terminará acaparando nuestro amor desproporcionado.

En consecuencia, si en algún modo tenemos deseos por todo lo que pertenece a la eternidad, pongamos nuestros más diligentes esfuerzos para liberarnos de estas cadenas temporales.

La vida presente tiene numerosas atracciones, mucho placer, belleza y encanto para nuestro deleite, por lo que es necesario que a menudo seamos apartados de ella, de modo que no nos desviemos a causa de su fascinación.

¿Cuál sería el resultado de estar envueltos de forma constante en la felicidad que ofrece esta vida?

Aun con todas las maldades que nos rodean, nos cuesta reconocer que este mundo es un valle de miserias y que es del todo necesario despegar nuestro corazón de las cosas terrenales.

2. La vida humana no es sino un vapor o una sombra. Aun la gente del mundo tiene refranes y dichos que lo confirman, y consideran este conocimiento de tanto provecho, que han hecho muchas frases y proverbios sobre la vida y su vanidad.

A pesar de ello, no hay nada que consideremos menos, y que se desvanezca de nuestra memoria tan rápidamente, como la brevedad de la vida. Hacemos enormes esfuerzos por ir tras todas las cosas que ella nos ofrece, como si en verdad fuésemos inmortales.

Si estamos presenciando un funeral, o andamos en el cementerio entre las tumbas, viendo claramente la imagen de la muerte ante nuestros ojos, entonces filosofamos sobre la brevedad de la vida. Pero aun esto no sucede cada día, por lo cual volvemos con toda facilidad a nuestros pensamientos carnales y mundanos.

3. Luego, al alejarnos de esos lugares, nuestra filosofía se desvanece y continuamos viviendo el tonto sueño de que estaremos para siempre en esta tierra.

Si alguien nos recuerda el proverbio que dice que el hombre es criatura de un día, nos interesamos en conocer esta verdad, pero con una falta de atención tal, que la idea de la vida perpetua en este mundo continúa distrayendo nuestra memoria.

4. ¿Quién, entonces, puede negar que necesitamos ser advertidos no sólo por palabras, sino que debemos convencernos, por medio de toda evidencia posible, de que la vida presente no es sino un sendero lleno de miserias?

Aun después de que nos hayamos persuadido de esta verdad, nos cuesta mucho dejar de encariñarnos tontamente con este mundo, como si la vida fuera solamente una gran acumulación de bendiciones.

Ahora bien, si es necesario que Dios nos dé más enseñanzas sobre este asunto, nuestro deber es prestar atención a Su voz y levantarnos de nuestra pereza, para volver así nuestras espaldas a este mundo y meditar con todo nuestro corazón sobre la vida celestial.

III. No deberíamos desdeñar las bendiciones de esta vida presente.

1. Sin embargo, nuestros constantes esfuerzos para disminuir la estima por este mundo presente no deben llevarnos a odiar la vida o a ser desagradecidos con Dios. Si bien esta vida está llena de incontables miserias, merece contarse entre aquellas bendiciones divinas que no deben ser despreciadas.

De manera que, si no podemos descubrir nada de la bondad de Dios en ella, estaremos siendo ingratos con nuestro Padre.

Especialmente para los creyentes, esta vida debe ser un testimonio de la bondad de Dios, puesto que todo en ella está destinado a prosperar su salvación.

2. Antes de revelarnos de forma total la herencia de la gloria eterna, el Señor nos muestra Su paternidad en asuntos de menor importancia, derramando sobre nosotros un gran número de bendiciones cada día. Puesto que esta vida sirve para enseñarnos la bondad y misericordia divinas, ¿nos atreveríamos a menospreciarla como si no hubiera en ella ninguna partícula de bien?

Por lo tanto, tengamos un sentido de apreciación suficiente como para clasificarla entre las gratificaciones y recompensas del amor divino que no debemos desdeñar.

3. Además de las evidencias de la Escritura, que son claras y numerosas, aun la misma naturaleza nos impulsa a dar gracias a Dios por habernos dado la luz de la vida con todo lo que de ella se desprende, y los medios necesarios para preservarla.

Más aún, si consideramos que esta vida nos ayuda a prepararnos para la gloria del reino celestial, tendremos muchas más razones para ser agradecidos.

El Señor ha dispuesto que aquellos que han de ser coronados en los cielos, deberán primero pelear la buena batalla de la fe aquí en la tierra, para que no celebren su triunfo sin haber realmente vencido las dificultades de la guerra y ganado la victoria.

Otra razón para nuestra gratitud es que aquí en este mundo tenemos una muestra de la bondad divina, de manera que deseemos fervientemente conocer la revelación completa de la misma.

4. Cuando hemos llegado a la conclusión de que nuestra vida aquí en la tierra es un don de la misericordia de Dios

que debemos recordar con gratitud por todo lo que le debemos, entonces será tiempo para considerar sus desdichas.

Solamente de esta forma seremos librados de un gozo excesivo y fuera de lugar al cual tenemos, como hemos dicho antes, una acentuada tendencia natural.

IV. ¿Qué es la tierra si la comparamos con el cielo?

1. Toda la gloria que debamos sustraer del pecaminoso amor a la vida la podemos añadir al deseo para un mundo mejor.

Ciertamente, para los paganos la bendición más grande no es nacer, sino lo que le sigue, es decir, morir inmediatamente.

Sin el conocimiento de Dios y la verdadera religión, ¿qué más podrían ver en la vida sino infelicidad y miseria?

Tampoco hay nada insensato en el comportamiento de los escitas, que murmuraban y lloraban cuando nacían sus familiares y hacían solemnes celebraciones en sus funerales.

Sin embargo, sus costumbres no les aprovechaban para nada, pues sin el conocimiento de la verdadera fe en Cristo no entendían cómo algo que en sí mismo no es ni apetecible ni deseable puede llegar a ser un medio para el beneficio de los creyentes devotos.

Llegamos, pues, a la deducción de que el fin de los paganos es acabar en la desesperación.

2. Al hacer una estimación de esta vida mortal, los creyentes deberíamos llegar a la conclusión de que no es nada sino pura miseria.

Únicamente al comparar el cielo y la tierra podemos no

sólo olvidar[3] todo lo relacionado con la vida presente, sino en verdad desdeñarla y menospreciarla.

Puesto que el cielo es nuestra madre patria, ¿qué es la tierra sino un lugar de exilio, y esta vida un viaje a través de un lugar extraño?[4]

Si dejar este mundo significa tener abierta la entrada a la vida real, ¿qué es este mundo sino una tumba?

Si la liberación del cuerpo significa una completa libertad, ¿qué es este cuerpo sino una prisión?

Si disfrutar la presencia de Dios es la cumbre de la felicidad, ¿no es una desdicha tener que prescindir de ella? Hasta que salgamos de este mundo "estamos ausentes del Señor".

Por lo tanto, si la vida terrenal tiene que compararse con la celestial, sin duda hemos de menospreciarla y considerarla un fracaso.

3. Pero la vida presente no debe odiarse, a excepción de todo lo que en ella nos sujeta al pecado, si bien ese odio no debe aplicarse a la vida misma.

Por un lado, debemos tener una actitud de desdén hacia ella, deseando su fin, si bien al mismo tiempo hemos de estar preparados para permanecer en ella el tiempo que al Señor le plazca.

En otras palabras, ese abatimiento debería impedir que seamos presa del temor y la impaciencia.

---

3. La versión en francés contiene: "pasar de lado ligeramente"; el original latín dice: "descuidar".
4. La versión en latín tiene lo primero; en francés encontramos la segunda cláusula principal.

Por eso la vida es un puesto en el cual el Señor nos ha colocado, y allí debemos estar hasta que el Señor nos llame a Su presencia.

Ciertamente Pablo lamentaba estar en la prisión de un cuerpo de carne por más tiempo de lo que él quería, y su deseo ardiente era ser liberado del mismo.

Al mismo tiempo, el apóstol descansaba en la voluntad de Dios, y en un pasaje de la Escritura declara que está preparado tanto para quedar en la tierra como para partir.

Pablo reconoce que su deber es glorificar el nombre de Dios, ya sea por la vida o por la muerte, pero que toca al Señor determinar qué es lo mejor para Su gloria.

4. Por lo tanto, como dice la Escritura: "Pues si vivimos, para el Señor vivimos; y si morimos, para el Señor morimos." Dejemos, entonces, los límites de nuestra vida y nuestra muerte a Su decisión y voluntad.

Al mismo tiempo meditemos ardiente y continuamente sobre la muerte, mientras despreciamos [las vanidades] de la vida presente en comparación con la futura inmortalidad.

Finalmente, consintamos que nuestra percepción de la esclavitud al pecado nos permita desear el abandono de esta vida, de la forma que al Señor le plazca. Ver 2ª Cor. 5:6; Rom. 7:24, 14:7 y 8; Fil. 1:20.

V. No deberíamos temer a la muerte, sino levantar nuestras cabezas.

1. Es terrible ver que muchos que se jactan de ser cristianos, en lugar de anhelar la muerte, están tan llenos

de temor que tiemblan aun a su sola mención, como si fuera la mayor calamidad que pudiese caer sobre ellos.

No deberíamos de sorprendernos si nuestros sentimientos naturales se pusieran en actitud de alarma al oír hablar de nuestra separación de esta vida.

Sin embargo, es intolerable que no haya suficiente luz y devoción en el corazón del cristiano para suprimir todo ese temor con una consolación que lo sobrepase por amplio margen.

Si consideramos que este cuerpo inestable, depravado, corruptible, desdeñable, frágil y corrupto será deshecho, para que pueda luego ser restaurado y transformado en uno perfecto, eterno, incorruptible y lleno de gloria celestial, ¿no debería, entonces, nuestra fe inducirnos a desear ardientemente aquello que nuestra mente natural tanto teme?

Si recordamos que por medio de la muerte somos llamados de vuelta del exilio a nuestro verdadero hogar, ¿no se llenará nuestro corazón de consolación?

2. Pero, como se ha dicho, no hay nada en este mundo que no quiera ser permanente.

Por esta misma razón, hemos de mirar adelante hacia la inmortalidad futura, donde podremos obtener una estabilidad de vida tal como no es posible encontrar en esta tierra.

Pablo enseña claramente a los creyentes a tener un santo anhelo con respecto a la muerte, no para ser despojados de este cuerpo, sino para ser vestidos con las nuevas vestiduras de la inmortalidad.

¿Es posible que los animales, y el resto de la creación, apercibidos de su vanidad presente, estén aguardando la resurrección de aquel día para ser librados de la vanidad junto con los hijos de Dios; y nosotros, dotados de la razón y con la luz superior del Espíritu Santo y conscientes de nuestra existencia futura, no seamos capaces de elevar nuestras mentes por encima de la corrupción de este mundo?

3. Sin embargo, no creo necesario o aconsejable para mi propósito presente discutir contra una ridiculez tan extrema como el miedo a la muerte.

En el principio ya he declarado que no entraría en una discusión complicada sobre los tópicos vulgares.

Yo persuadiría a esos corazones temerosos a que leyeran el tratado de Cipriano sobre la *Mortalidad,* a menos que merezcan hablar con los filósofos, para que se sonrojen cuando descubran cómo los paganos desprecian a la muerte.

Declaramos, pues, positivamente, que nadie ha hecho ningún progreso en la escuela de Cristo, a menos que espere gozosamente el día de su muerte y de la resurrección final.

4. Pablo pone esta señal en todos los creyentes, y cuando la Escritura desea darnos un motivo para que sintamos un auténtico gozo, nos llama a menudo la atención hacia ella. "Erguíos y levantad vuestra cabeza", nos dice el Señor, "porque vuestra redención está cerca."

¿Es razonable esperar que las cosas que el Señor planeó para que nos den felicidad y nos eleven a un éxtasis espiritual sean motivo de pena y consternación?

Si éste es nuestro caso, ¿por qué, entonces, seguimos gloriándonos en Él como nuestro Maestro?

Volvamos, pues, a un sano juicio, soportando la oposición de los ciegos y necios deseos de nuestra carne. No dudemos en anhelar ardientemente Su segunda venida, como el acontecimiento más deseable e inspirador de todos.

No solamente hemos de desear la venida de nuestro Señor, sino gemir y esperar (el día del juicio).[5]

Él vendrá otra vez como un Salvador, para librarnos de este torbellino sin fin de maldades y miserias, y nos guiará a la herencia bendita de Su vida y gloria. Ver 2ª Cor. 5:4; Tit. 2:13; Luc. 21:28.

VI. *El Señor vendrá en Su gloria: Maranata.*

1. Más allá de toda duda, afirmamos que mientras los creyentes vivan sobre esta tierra, deben contarse "como ovejas de matadero", para ser así más semejantes a Cristo, la Cabeza de la Iglesia.

Si no fuera por la bendición de poder elevar sus pensamientos hacia el cielo y mirar más allá del horizonte de este mundo, la condición de los cristianos sería extremadamente deplorable.

2. Dejemos que los impíos sigan floreciendo en sus riquezas y honores y disfruten de lo que ellos llaman paz mental.

Permitamos que se jacten de su esplendor y lujo y disfruten de toda su alegría mundana.

Dejemos que perjudiquen a los hijos de luz con su maldad, que les insulten con su orgullo, les roben con su avaricia y les provoquen con sus vidas sin ley.

---

5. Está añadido en la versión en francés.

Cuando los creyentes veamos estas cosas, levantemos nuestros ojos por encima de este mundo, y entonces podremos mantener una auténtica paz de corazón en medio de todas las calamidades.

Miremos hacia el futuro, a aquel día cuando el Señor recibirá a Sus fieles siervos en Su reino de paz.

Entonces Él enjugará toda lágrima de sus ojos, les vestirá con vestiduras de gozo, les adornará con coronas de victoria, les complacerá con infinitos deleites, les exaltará a Su gloria y les hará participantes de Su propia felicidad.

3. En cambio, los hacedores de maldad que han sido grandes en este mundo, serán lanzados al abismo de la vergüenza.

Él cambiará sus deleites en tormentos, y sus risas e hilaridad en llanto y crujir de dientes.

Él hará que se sumerjan junto con sus adulterios en el fuego que nunca se apaga, y los pondrá en sujeción a los fieles, de cuya paciencia han abusado.

De acuerdo con lo que dice Pablo, cuando el Señor Jesús descienda de los cielos, Dios castigará a aquellos que perturbaron a los santos, y dará descanso a todos los que están atribulados.

4. Ésta es nuestra única consolación.

Si fuésemos privados de este consuelo caeríamos y nos hundiríamos en la desesperación, o nos confortaríamos con los vanos placeres de este mundo.

Aun el salmista confiesa que estaba confundido cuando se preguntaba el motivo de la prosperidad presente de los malvados; y no pudo entender cabalmente todas las cosas hasta que, entrando en el santuario, comprendió el fin de los justos y los injustos.

Unas breves palabras para concluir:

La cruz de Cristo triunfa sobre el diablo, la carne y sobre el pecado y la maldad solamente en los corazones de los creyentes cuando éstos elevan sus ojos para contemplar el poder de su resurrección. Ver Rom. 8:36; 1ª Cor. 15:19; Is. 25:8; Ap. 7:17; 2ª Tes. 1:6 y 7; Sal. 73:2 y ss.

CAPÍTULO V

El uso correcto de la vida presente

I. Evitemos los extremismos.

1. La Palabra de Dios apunta al cielo como nuestra meta, de forma que nos instruye en el uso correcto de las bendiciones terrenales.

Este tópico no debería ser desestimado en un estudio sobre las reglas de la vida.

Si hemos de vivir, hemos de usar también los instrumentos necesarios para preservar la vida.

No podemos ni aun evitar aquellas cosas que sirven más bien a nuestros placeres que a nuestras necesidades, de manera que debemos usarlas con una conciencia pura y observando la moderación, ya sea que nos refiramos a una o a la otra.

2. Esto es lo que prescribe el Señor en Su Palabra cuando enseña a sus siervos que la vida presente es como un peregrinaje en el cual están viajando de paso hacia el reino celestial.

Aunque esta tierra es sólo el vestíbulo del cielo, debemos, sin ningún lugar a dudas, hacer uso de sus bendiciones, de manera que en lugar de demorarnos durante este viaje, nos encontremos asistidos por ellas.

No es, pues, sin razón que el apóstol Pablo nos aconseja hacer uso de este mundo como si no lo usáramos, y comprar posesiones con el mismo estado de ánimo que cuando las vendemos.

3. Puesto que se insinúa esta pregunta, y corremos el peligro de caer en dos errores opuestos, intentemos proceder en un terreno firme, de modo que evitemos los dos extremos.

Algunas personas buenas y santas han visto cómo la intemperancia y la vida lujuriosa conducen al hombre a derribar una y otra vez cualquier barrera de restricción, a menos que éste sea frenado por una extrema severidad.

En su deseo de corregir este mal tan pernicioso, dichas personas adoptaron el único método que según ellos encajaba en estas circunstancias: permitir las bendiciones terrenales solamente cuando fueran una necesidad absoluta.

Este consejo mostraba las mejores intenciones, pero era demasiado rígido, ya que sus defensores cometieron el peligroso error de imponer en las conciencias de los demás unas reglas más estrictas que aquellas expresadas en la Palabra del Señor.

Restringiendo al pueblo dentro de las demandas de la absoluta necesidad, se abstuvieron de todo lo que les fue posible.

De acuerdo a lo que ellos afirman, es apenas permisible comer o beber nada sino pan y agua.

Otros siguen una rigidez aún más absoluta, como Crates de Tebas, de quien se dice que tiró sus tesoros al mar por el temor de que si no eran destruidos, él mismo sería arruinado por ellos.

4. Por otra parte, hoy día hay mucha gente que busca un pretexto para excusar su intemperancia en el uso de las cosas externas, y que sin embargo es totalmente indulgente en las concupiscencias de la carne.

Esta gente toma por hecho que la libertad no debe ser restringida por ninguna clase de limitaciones, pero nosotros no podemos estar de acuerdo con este pensamiento. Su proclama dice que todo debe dejarse a la conciencia de cada individuo, para usar según lo que cada uno piensa para sí.

5. Debemos dar por sentado que en realidad este pensamiento no es correcto. Tampoco es justo vincular la conciencia de los demás con estas reglas tan duras.

Sigamos en nuestra conducta los principios generales que la Escritura establece para el uso legal de ciertas cosas (1ª Cor. 7:30 y 31).

II. *Las cosas terrenales son regalos de Dios.*

1. El primer principio a considerar es que si los dones de Dios son dirigidos al mismo propósito para el cual fueron creados y destinados, no pueden manejarse equivocadamente.

Él no ha hecho las bendiciones terrenales para nuestro perjuicio, sino para nuestro beneficio.

Nadie, por consiguiente, puede observar regla más correcta e indicada que la fiel observancia de este propósito.

2. Si estudiamos, por ejemplo, el motivo por el cual Dios ha creado distintas clases de alimentos, encontraremos que Su intención era no sólo proveer para nuestras necesidades, sino igualmente para nuestro placer y deleite.

Al darnos los materiales necesarios para vestirnos, no

sólo tuvo en mente nuestras necesidades, sino también el decoro y la decencia.

En las diversas hierbas, árboles y frutos, que son útiles de varias maneras, el Señor quiso agradarnos haciéndolos con líneas armoniosas y aromas agradables.

Si esto no fuera verdad, el salmista no habría enumerado entre las bendiciones divinas "... el vino que alegra el corazón del hombre, el aceite que hace brillar el rostro, y el pan que sustenta la vida del hombre."

Las Escrituras declaran que Él nos ha dado todas estas cosas con el propósito de que podamos alabar Su bondad para con nosotros.

3. Aun las propiedades naturales de todo lo creado señalan para qué propósito y hasta qué grado nos es lícito usarlo.

¿Habría creado el Señor algo tan atractivo a nuestros sentidos como la belleza de las flores, y puesto en nuestro ser el sentido del olfato, para que no pudiésemos disfrutarlas?

¿No ha hecho el Señor los colores de manera que uno es aún más maravilloso que el otro?

¿No le ha conferido al oro y a la plata, al marfil y al mármol una belleza que les hace más preciosos que los otros metales o piedras?

En una palabra, ¿no ha hecho Él los elementos de Su creación dignos de nuestra atención, para que tengamos aún mucho más que aquello que cubra nuestras necesidades? (Sal. 104:15).

III. La verdadera gratitud nos limitará cometer abusos.

1. A menos que sea absolutamente necesario, descartemos, por lo tanto, la filosofía inhumana que no nos permite hacer uso de la creación.

Una noción tan maligna nos priva del legítimo disfrute de la bondad de Dios. Realmente es imposible aceptar un pensamiento así, pues nos veríamos privados de todos nuestros sentidos y seríamos reducidos a una mole de granito insensible.

Por otra parte, debemos con igual celo luchar contra los deseos de la carne, pues si no los restringimos con firmeza, acabarán transgrediendo todos los límites.

Como ya hemos observado, la licencia tiene sus defensores: hay gente que, bajo el pretexto de la libertad, no se priva de nada.

2. Primeramente, si deseamos refrenar nuestras pasiones, debemos recordar que todas las cosas nos han sido dadas con el propósito de que, podamos conocer y reconocer a su Autor.

Nuestro deber es alabar Su bondad para con nosotros en todo aquello que Él ha creado, y ser agradecidos.

Pero, ¿qué será de nuestra acción de gracias si somos indulgentes en el uso de algunas cosas, de forma tal que nos convertimos en personas holgazanas para llevar a cabo nuestros deberes de devoción, o aquellos que corresponden a nuestro trabajo?

¿Dónde está nuestro reconocimiento de Dios si los excesos de nuestro cuerpo nos llevan a las más viles pasiones e infectan nuestras mentes con la impureza, de modo que no podamos ya distinguir entre lo correcto y lo incorrecto?

¿Dónde está nuestra gratitud hacia Dios por el vestir si nos admiramos a nosotros mismos y despreciamos a otros por poseer vestidos más suntuosos que ellos?

¿Dónde está nuestro decoro si usamos nuestros vestidos elegantes y hermosos para deleitarnos en la lascivia?

3. Muchas personas que se empeñan en ir tras los placeres de esta vida, hacen que sus mentes se vuelvan esclavas de ellos.

Algunos se deleitan tanto con el mármol, el oro y las pinturas que se vuelven como estatuas. Parecen haber quedado paralizados entre los ricos metales, y empiezan a parecerse a ídolos de colores.

El sabor de los alimentos y la dulzura de los aromas hacen que algunas personas se vuelvan tan tontos que pierden el gusto por las cosas espirituales. Esto vale también para el abuso de todas las otras cosas naturales.

Por lo tanto, está claro que el principio de la gratitud debería frenar nuestros deseos de abusar de las bendiciones divinas.

Este principio confirma la regla de Pablo, que dice: "... y no hagáis caso de la carne para satisfacer sus concupiscencias."

Si damos rienda suelta a nuestros deseos naturales, éstos traspasarán todos los límites de la templanza y la moderación.

IV. *Vivamos con moderación.*

1. No hay un camino más directo (a la gratitud) que quitar nuestros ojos de la vida presente y meditar en la inmortalidad del cielo.

De esto se derivan dos grandes principios:

El primero es "... que los que tienen esposa sean como si no la tuviesen; y los que lloran, como si no llorasen; y los que se alegran, como si no se alegrasen; y los que compran, como si no poseyesen; y los que disfrutan de este mundo, como si no lo disfrutasen..."

El segundo es que debemos aprender a sobrellevar la pobreza quieta y pacientemente, y disfrutar de la abundancia con moderación.

2. Aquel que nos ordena que usemos este mundo como si no lo usásemos, no solamente nos prohíbe toda falta de moderación en comer y beber, en los placeres indecorosos y excesivos, en la ambición, el orgullo y la fastuosidad en nuestro hogar, sino en cada cuidado y afecto que haga disminuir nuestro nivel espiritual o que amenace con destruir nuestra devoción.

En los tiempos antiguos, Cato observó que había una gran preocupación por la apariencia exterior del cuerpo, pero un gran descuido en la observancia de las virtudes.

También hay un antiguo proverbio que nos recuerda que aquellos que ponen mucha atención al cuerpo generalmente descuidan el alma.

3. De modo que, aunque la libertad de los creyentes en cuanto al uso de las cosas externas no puede ser restringida

por reglas rígidas y extremistas, sin embargo, y para que seamos lo menos indulgentes posible, esta libertad ha de estar sujeta a la ley de Dios.

Por el contrario, debemos, de forma continua y con toda resolución, ejercitarnos para quitar de en medio todo aquello que es superfluo, y evitar todo despliegue vano de lujo.

Cuidémonos de convertir en piedra de tropiezo cualquier cosa que el Señor nos dé para enriquecer nuestra vida (1ª Cor. 7:29-31).

V. Seamos pacientes y contentémonos bajo las privaciones.

1. El otro principio es que la gente pobre debería aprender a ser paciente bajo las privaciones, para no encontrarse atormentada por una excesiva pasión a las riquezas.

Aquellos que observan esta moderación no han hecho poco progreso en la escuela del Señor, y los que no han avanzado de esta forma en la vida espiritual, han dado pruebas muy escasas de su discipulado en Cristo.

2. La pasión por las cosas terrenales no sólo está acompañada de otros vicios, sino que aquel que es impaciente bajo la privación, manifestará el vicio opuesto cuando esté en medio del lujo.

Esto significa que aquel hombre que se avergüenza de una vestimenta sencilla, estará orgulloso cuando luzca una costosa.

La persona que no está contenta con una comida sobria, se siente incómoda porque desea un manjar suculento, y cuando tenga una oportunidad manifestará su temperamento irascible.

Aquel que está inquieto e insatisfecho por estar viviendo con privaciones y humildad, no será capaz de guardarse del orgullo y la arrogancia cuando disfrute de la opulencia. Por lo tanto, dejad que aquellos que quieren ser sinceros en su devoción, traten fervientemente de seguir el ejemplo apostólico: "Sé vivir en escasez, y sé vivir en abundancia; en todo y por todo he aprendido el secreto, lo mismo de estar saciado que de tener hambre, lo mismo de tener abundancia que de padecer necesidad" (Fil. 4:12).

3. La Escritura también menciona un tercer principio mediante el cual se limita el uso de las cosas terrenales, y ya lo hemos mencionado al hablar de los preceptos de la autonegación.

Puesto que todas las cosas nos son dadas por la divina bondad para nuestro beneficio, al mismo tiempo se convierten en depósitos confiados a nuestro cuidado, de los cuales un día tendremos que dar cuentas.

Debemos, entonces, manejarlas de tal manera como si incesantemente oyésemos la siguiente advertencia: "Presenta las cuentas de tu administración..."

4. Recordemos también quién es el que demanda estas cuentas. Es Aquel que nos recomienda de forma tan especial guardar la sobriedad, la frugalidad y la modestia.

Es también el que aborrece los excesos, el orgullo, la arrogancia y el exhibicionismo.

Es Aquel que no aprueba el manejo que hacemos de Sus bendiciones, a menos que seamos motivados por el amor.

Es quien de Su propia boca condena todos los placeres que nos alejan de la castidad y la pureza, y que nos convierten en seres tontos y necios (Fil. 4:12; Luc. 16:2).

VI. Sed fieles a vuestro llamamiento divino.

1. Finalmente, sepamos que el Señor nos ordena que seamos fieles a nuestro llamamiento en todas las acciones de nuestra vida.

Él sabe que la mente humana arde con inquietud, y que su ambición de abrazar los bienes de este mundo es insaciable.

Por lo tanto, y para prevenir esta confusión producida por nuestra propia locura, ha señalado a cada uno sus deberes particulares en las diferentes esferas de la vida. Y para que nadie pueda ir más allá de los límites establecidos, ha llamado a tales esferas de la vida vocaciones o llamamientos.

El Señor nos ha asignado un lugar a cada uno, de manera que no tengamos incertidumbre durante los días de nuestra vida.

Esta distinción es tan necesaria, que a Sus ojos todas nuestras acciones son medidas por ella, y a menudo esta medida difiere bastante del juicio o la filosofía humana.

2. Aun entre los filósofos, no hay heroísmo más grande que liberar al propio país de la tiranía. Sin embargo, la voz del Juez celestial condena abiertamente al hombre que mate a un tirano.

No está en nuestro plan enumerar ejemplos, pero contentémonos con saber que nuestro llamamiento divino es el principio y la base de un comportamiento justo para cada caso.

Aquel que sobrestime su llamamiento, nunca mantendrá el sendero correcto en los deberes de su trabajo.

Tal vez algunas veces pueda tener éxito en hacer alguna cosa que aparente ser digna de alabanza. Pero, aunque pueda parecer bueno a ojos de los hombres, no será aceptable ante el trono de Dios, ni habrá consistencia en las demás partes de su vida.

3. Por lo tanto, regulemos mejor nuestra vida manteniendo presente nuestro llamamiento por parte del Señor.

Nadie debe ser tentado por su propia jactancia a llevar a cabo nada que no sea compatible con su llamamiento, porque ha de saber que es incorrecto traspasar los límites puestos por Dios.

Alguien que no esté situado en las primeras filas del deber, no podrá estar satisfecho con cumplir con su tarea particular, y no debe renunciar al lugar donde el Señor le ha puesto.

Cuando un hombre sabe que Dios es su Guía en todos los planos de su vida, aun en medio de sus trabajos, dificultades y otras cargas siente un consuelo incomparable.

El magistrado llevará todas las tareas de su oficina con mayor entusiasmo.

El padre de familia cumplirá con sus deberes con más valor y ahínco.

Cada persona, en su respectiva esfera de vida, manifestará más paciencia, y se sobrepondrá mejor a las dificultades, cuidados, miserias y ansiedades de su camino, cuando esté convencida de que el Señor ha puesto sobre sus hombros la tarea que le toca.

Si seguimos fielmente nuestro llamamiento divino, recibiremos el consuelo de saber que no hay trabajo tan insignificante o sórdido que no sea verdaderamente respetable e importante ante los ojos de Dios. (*Coram Deo!*) Ver Gén. 1:28; Col. 1:1 y ss.

EL LIBRO DE ORO
DE LA VERDADERA VIDA CRISTIANA

(10-91)

ESTIMADO LECTOR:

La DIRECCIÓN de la EDITORIAL CLIE agradece sinceramente el que usted haya adquirido este libro, deseando que sea de su entera satisfacción.

Si desea recibir información remítanos este volante, con su nombre y dirección, y le enviaremos gratuitamente nuestro Boletín de Novedades.

Cualquier observación que desee hacernos puede escribirla al dorso.

Desprenda esta hoja tirando hacia afuera y de arriba a abajo y envíela a su Librero o a:

EDITORIAL CLIE
Galvani, 113
08224 TERRASSA (Barcelona) España

Nombre: _____

Calle: _____

Ciudad: _____

Estado: _____

Edad: _____   Profesión: _____

Nota: _____

OBSERVACIONES:

_____

_____

_____

_____

_____

_____

_____

_____

_____

_____

_____

_____

_____

_____

Lucas 12: 8 – 12

2 corintios

Isaías 55: 8 – 9

Mateo 16: 15 – 16